全国教育科学规划教育部重点课题

小学生阅读广度与速度的发展及促进：来自眼动的证据（DHA 130266）

小学生阅读发展的眼动研究

张巧明　著

山东人民出版社

国家一级出版社　全国百佳图书出版单位

图书在版编目（CIP）数据

小学生阅读发展的眼动研究/张巧明著. -- 济南：山东人民出版社，2017.8
ISBN 978-7-209-10920-8

Ⅰ. ①小… Ⅱ. ①张… Ⅲ. ①阅读课－教学研究－小学 Ⅳ. ①G623.232

中国版本图书馆CIP数据核字(2017)第140491号

小学生阅读发展的眼动研究
张巧明 著

主管部门 山东出版传媒股份有限公司
出版发行 山东人民出版社
社　　址 济南市胜利大街39号
邮　　编 250001
电　　话 总编室（0531）82098914
　　　　 市场部（0531）82098027
网　　址 http://www.sd-book.com.cn
印　　装 山东华立印务有限公司
经　　销 新华书店

规　　格 16开（169mm×239mm）
印　　张 14
字　　数 210千字
版　　次 2017年8月第1版
印　　次 2017年8月第1次
印　　数 1-1000
ISBN 978-7-209-10920-8
定　　价 29.00元
　　　　 如有印装质量问题，请与出版社总编室联系调换。

前 言

《小学生阅读发展的眼动研究》是2013年全国教育科学规划教育部重点课题（批准号为DHA 130266）的研究成果。课题组经过三年的研究，完成了预定计划。

人类的语言文字种类繁多，不同的语言各有其特性。阅读是一项重要的社会认知活动，它可以使读者获得信息，提高能力。除了阅读理解能力，阅读广度和速度是衡量阅读效率的重要指标。在阅读的研究中，眼动技术由于其实时性和干扰性较小等优势，成为研究的主要手段，在获得大量研究结果的同时，形成了成熟的阅读模型（平行加工模型和序列加工模型），但这些模型来源大多集中于拼音文字，研究的对象也多是成年人。相比之下，以儿童为对象的眼动研究却为数不多。

人类语言获得与书面阅读能力发展是一个动态复杂的过程，从一个阅读初学者成长为一个熟练的阅读者的过程中，小学阶段是一个人书面语言发展最快速的时期。从一年级初学书面语言，到小学六年级阅读能力基本接近成人，在这个阶段内，儿童的阅读能力是如何发展的，比如，儿童在一次注视中能获取的有效范围是多大，在这个范围中能获取什么样的信息，以及提取信息的速度有多快等方面，却鲜有研究。在保证理解成绩的基础上，阅读广度与阅读速度是衡量阅读效率的重要指标。本书以小学生为被试，探讨其在阅读过程中的眼动发展，尤其是从广度（知觉广度与副中央凹预视）与速度（信息提取时间）上反映小学生阅读的过程，进而揭示眼动指标与儿童语言文字能力的关系，为阅读的眼动模型的完善提供依据，同时为构建中文阅读的眼动模型提供重要的基础数据。此外，阅读是人们获取知识的重要途径之一，因此，了解读者阅读过程中的规律和特点，对指导读者进行高效率阅读也有很大的帮助。

全书共分为三部分，第一部分是理论综述，从阅读眼动的概述、儿童阅读发展的眼动研究、阅读知觉广度、副中央凹预视以及信息提取速度等方面进行了理论阐述。第二部分为实验研究，针对第一部分的理论基础，展开了三个研究（阅读知觉广度、副中央凹预视以及信息提取速度的发展），由七个实验构成。第三部分是总结与展望，对理论与实验研究展开分析讨论，发现研究不足，提出下一步的研究方向。

同以往的研究相比，本书创新之处有以下两点：

第一，以眼动为指标，从发展的角度深入探讨阅读的发展规律。相对于大量以成人为被试的阅读研究，以小学生为研究对象的眼动研究较少。而且，相对成熟的眼动理论也多是建立在以成人为被试的实验基础上。因此，从发展的角度进行探讨，不仅可以揭示出不同年龄段被试阅读的规律与特点，深入了解阅读的本质，同时也有利于完善已有的阅读理论。

第二，采用先进的眼动研究范式，从时空相结合的角度探讨阅读发展规律。相对于反应时记录法和生理学方法，眼动记录法是一种比较自然、干扰较小的实时的研究技术。本研究采用了当前较为先进的眼动研究范式——移动窗口范式、边界范式和消失文本范式，从空间（知觉广度与副中央凹预视）与时间（信息提取）的角度，系统、全面、精细地探讨小学生阅读的发展规律，通过研究小学生阅读时眼睛注视文本信息的过程来推测其内在心理状态，探讨眼动参数与认知加工过程之间的关系。

本书得到了我的博士生导师闫国利教授的悉心指点。此外，天津师范大学的沈德立先生、白学军教授、阴国恩教授、王敬欣教授也给予了热情的帮助。本书也是课题组共同努力研究的成果，参加研究的课题组成员有：王惠萍、耿晓伟、林洪新、臧传丽、李文静、崔磊、张美峰、仇莉娜。在思路构建、搜集资料、实验研究、数据统计等各个方面，大家相互交流，共同合作，才能保证研究的顺序进行。在书稿撰写过程中，我的研究生刘彤彤、刘杰、方静、王睿、杨丽萍、潘蓉以及本科生王林、王鑫在书稿校对等方面都付出了辛苦的劳动。此外，还要感谢山东人民出版社的编辑崔萌与王蕊两位老师，如果没有她们的热心帮助，书稿也很难顺利出版。

本书适合心理学和语言学工作者阅读，还可以作为心理学和语言学专业的大学生和研究生教材。当然，心理学和语言学的爱好者也可以阅读此书。

小学生阅读的眼动研究是认知心理学的一个新兴领域，国外在这方面取得了较大的成就，但国内的研究成果还很少，我们虽然在这方面进行了一些尝试，但研究成果还不够成熟。另外，因研究水平有限，错谬之处在所难免，恳请专家和读者不吝赐教。

张巧明

2016 年 6 月 1 日于鲁东大学

目 录 / CONTENTS

第一部分

理论综述

第一章　阅读与眼动的关系

在阅读中，人眼能快速觉察到词、字母、字母组合，并获得字里行间的意思，甚至内在的思想。阅读对每个人来说，看上去是一种不经意的行为。但是，在这种简单行为的背后，却是一个令人震惊的复杂加工过程。这个过程建立起来很难，需要经过大量的练习，直到成为一种自动化的日常阅读。

——Huey（1908，p.24）

一、阅读与眼动概述

阅读是人类社会的一种重要认知活动，是从书面材料中获取信息并影响读者的非智力因素的过程（张必隐，2004）。阅读及阅读对象（文字）不但是人类异于动物的重要特征，而且与人类文明、个体发展以及日常应用都有极其密切的关系。看似简单的阅读理解，实际上却包含了非常复杂的认知历程。

早在20世纪初，心理学家Huey（1908）就对阅读研究的意义有着非常深刻而准确的阐述。他认为，作为一个心理学家所能达到的最高成就就是能对阅读进行完整而透彻的探讨。因为，这样做不仅可以探讨人类心智活动中许许多多极其复杂的内在行为，并且可以为人类如何发展出这种最不可思议的成就之谜（指文字的发明和应用以及对人类的贡献）提供重要的启示（陈烜之，1997）。

在阅读研究过程中，学者们已经积累了许多研究字词认知的方法，如反应时记录法（命名法、词汇判断法、语义分类法、同一性判断法）、生理学方法（眼动记录法、脑成像技术）和计算机模拟等（彭聃龄，舒华，陈烜之，1997；Balota，Chumbley，1984；Becker，1979；James，1975；Ferreira，Henderson，1990；Just，Carpenter，Woolley，1982）。

眼动记录法开始于19世纪末，早期的研究主要采用眼动的摄影技术，由于实验数据处理起来十分烦琐，它的发展受到限制。20世纪60年代以后，随着认知心理学的兴起，以及人们对阅读过程和认知的内部过程的重视，眼动技术重新成为一种有效的研究手段，用来探索心理过程的机制。

相比于其他方法，眼动记录法是一种比较自然、干扰较小的实时（on-line）的研究技术，它可以将阅读过程中信息加工的特点有效地显示出来，并为分析阅读进程提供外部的行为指标。研究者可以通过读者在阅读时眼睛注视文本信息的过程来推测其内在心理状态，探讨眼动参数与认知加工过程之间的关系。眼动技术的优越性使得关于阅读眼动的研究变得异常活跃。

二、阅读的眼动特征

与很多主观体验不同的是，我们的眼睛在阅读时并不是沿文本平滑地移动，而是由一系列的眼跳和注视点构成的。这是因为在一次注视中，读者看到的范围按视敏度高低划分为三个区域：中央凹区域（中央凹2度视角）、副中央凹区域（中央凹向两边延伸5度左右的区域）和周围区域（副中央凹以外的所有区域）。中央凹区域的清晰度是最高的，副中央凹次之，周围区域最差。因此，眼跳是必要的。读者通过眼跳，将新的文本信息呈现在视觉中央部位。由于眼跳抑制，在眼跳过程中是不能提取信息的。在眼跳之间，眼睛会保持相对静止一段时间，称之为注视，在注视过程中信息得以加工（Huey，1908；Rayner，1998，2009；Reichle，Rayner，Pollatsek，2003）。

（一）英文阅读中读者的眼动特征

对于母语为英语或其他拼音文字的成年读者来说，平均注视时间大约为

200—250毫秒，平均眼跳幅度为7—8个字母，眼跳过程中有10%—15%是回视的，回视主要反映了语言加工的难度（例如，句子语义结构的错误分析，Frazier，Rayner，1982），但偶尔也可反映出对之前看过单词识别的不确定性（Levy，Bicknell，Slattery，Rayner，2009；Slattery，2009）。阅读中还包括回扫，即眼动由一行末尾移到下一行的开头，可以进一步阅读文本。大多数的眼跳位于词的中央（McConkie，Kerr，Reddix，Zola，1988；Rayner，1979a，1979b；Vitu，McConkie，Kerr，O'Regan，2001），而极少位于词间空格（Abrams，Zuber，1972）。但要注意的是，这些数据仅是平均值，实际上是会有很大差异的。注视时间可以短至50—75毫秒，长至500—600毫秒（甚至更长），而眼跳距离可以短至1个字母空间，也可以长至15—20个字母空间（甚至更多）。

阅读时眼动会受很多因素影响。大多数词都能被注视，但是短词、预期性高的词常常被跳读（Carpenter，Just，1983；Rayner，McConkie，1976；Rayner，1998，综述）。长词的注视次数往往不止一次，短词的注视通常只有一次（未跳读的情况下）。眼动还受阅读方式的影响，默读时的平均注视时间为225—250毫秒，朗读为275—325毫秒，场景知觉为260—330毫秒，视觉搜索为180—275毫秒。

对成人来讲，提取词的视觉信息需要40—60毫秒，儿童在阅读短词时这个时间也足够（Blythe，Liversedge，Joseph，White，Rayner，2009；Liversedge，Rayner，White，Vergilino-Perez，Findlay，Kentridge，2004；Rayner，Liversedge，White，Vergilino-Perez，2003；Rayner，Liversedge，White，2006）。40—60毫秒之后，提取的信息进入词再认系统进行进一步的加工，同时在这一过程中，进行下一步的眼跳计划，以使新的信息进入中央凹区域。

（二）中文阅读中读者的眼动特征

在过去的几十年中，虽然大量的研究探讨了阅读过程中的眼动特征，但主要是针对拼音文字（详见Rayner，1998，2009的综述）。非拼音文字（例如汉语、日语、阿拉伯语）虽然应用广泛，例如使用中文的人口占世界总人口的五分之一，但相比而言，针对非拼音文字的研究少之又少。

中文是由汉字组成的。汉字是世界上最古老的文字之一，也是世界上独具特色的一种文字。胡裕树（1987）将汉字的特点概括为以下四个方面：（1）汉字是表意性质的文字；（2）汉字字形记录的语音单位是音节；（3）汉字是平面型文字，这和拼音文字的线性排列有很大的不同；（4）汉字记录语言不实行连写法。

最早对中文阅读的眼动进行研究的是 Miles 和 Shen，1925 年他们在斯坦福大学采用摄像技术记录了读者在阅读横排版和竖排版中文的眼动情况（Miles，Shen，1925；Shen，1927）。近些年来，越来越多的研究者采用眼动技术致力于探讨中文阅读的本质。迄今为止，已经有大量实验揭示了中文阅读的眼动特征，初步形成了中文阅读的眼动模型。

Sun 和 Feng（1999）比较了中英文阅读的差异，结果表明，中文读者阅读中文材料的平均注视时间是 257 毫秒，平均眼跳幅度是 2.6（范围是 2—3）个汉字，相当于 1.7 个词，阅读速度是 580 字 / 分，相当于 386 词 / 分。英国读者阅读相同内容的英文材料时，平均注视时间是 265 毫秒，平均眼跳幅度是 1.8 个词，阅读速度是 382 词 / 分（参见 Chen，Song，Lau，Wong，Tang，2003；Gray，1956；Inhoff，Liu，1998；Miles，Shen，1925；Sun，Morita，Stark，1985）。这表明，尽管中英文在很多方面有差别（例如中文表义，英文表音），但读者在阅读时的眼动特点基本是一致的，这意味着中文语言信息的加工特点同英文一样高效（也见 Tsang，Chen，2008）。并且，Sun 等人（1985）记录了读者在阅读竖排版汉字的眼动情况。需要说明的是，汉语可以从上到下排列，也可以像英文那样从左到右排列。汉字在 20 世纪 50 年代之前竖排版是很常见的，现今也可以在某些情况（如书法、绘画），或者在某些地区（如台湾）见到。如今横排版的汉字是最常见的，尤其是在中国大陆地区。Sun 等人发现，竖排版汉字的平均眼跳幅度（大约 1.2 个字）只是横排版（大约 2.6 个字）的一半，平均注视时间（大约 290 毫秒）比横排版（大约 260 毫秒）的长，阅读速度（大约 260 字 / 分，相当于 170 词 / 分）也比横排版（大约 580 字 / 分，相当于 390 词 / 分）慢。这说明，读者阅读横排版的材料明显快于竖排版，阅读横排版的能力明显高于竖排版。

总之，尽管中英文有很多不同，存在差异，但中文读者的眼动特征同英文读者有很多相似的地方。

三、影响阅读眼动的主要因素

（一）英文阅读中影响阅读眼动的主要因素

1. 熟悉性。熟悉性中首先包括词长。随着单词变长，其被注视的可能性也随之增加（Rayner，McConkie，1976；Rayner，Sereno，Raney，1996）；相反地，随着词长变短，注视它的可能性也相应降低，而跳读的可能性则增加（Brysbaert，Drieghe，Vitu，2005；Rayner，1998）。2—3 个字母长的单词只有 25% 的概率会被注视，而 8 字母或更长的单词则总是会被注视；较长的单词通常会被注视多次，即会被再注视（McConkie，Kerr，Reddix，Zola，Jacobs，1989；McDonald，Shillcock，2004；Vergilino，Beauvillain，2000，2001；Vergilino-Perez，Collins，Dore-Mazars，2004）。注视长词的时间要明显长于短词的时间（Rayner，McConkie，1976；Rayner，1998，for a review）。此外，研究发现，词频越高，加工越快（Gerhand，Barry，1998；Inhoff，Rayner，1986），对高频词的注视次数要远多于对低频词的注视次数（Rayner，Sereno，Raney，1996）。另一个影响因素是词获得年龄（AoA）。获得词的年龄越早，加工速度也越快（Gerhand，Barry，1998）。同时，词族大小（word's family size，由相同词干衍生出词的数量）也影响加工速度。词族越大，加工速度也越快（Schreuder，Baayen，1997）。词频、词族大小、词获得年龄都是熟悉性的指标，总之，词越熟悉，越容易加工。

2. 预期性。准确地说，一个词如果能从前文内容中预期到，它就更容易加工（Balota，Pollatsek，Rayner，1985），并且极易被跳读（Drieghe，2008）。

此外，像语音、正字法邻居、具体性、形象性、意义等词的其他属性也影响词加工的速度（Balota，Yap，Cortese，2006）。

3. 文本特征。除词的特性以外，文本特征也会影响阅读。例如，随着文本难度的加大，注视时间变长，眼跳距离变短，产生更多的回视（Rayner，1998）。文本呈现的清晰度会影响加工速度，印刷质量差会降低阅读速度（Morrison, Inhoff, 1981）。文本中涉及的概念难，也会降低阅读速度（Jacobson，Dodwell，1979；Rayner，Pollatsek，1989）。

4. 读者的特征。读者的特征也会影响阅读。如果读者对阅读主题很熟悉，加工速度自然很快。有经验的熟练阅读者的流畅性也更高，年长儿童与成人的阅读速度明显快于年幼儿童（Cipielewski，Stanovich，1992；Stanovich，1986）。研究发现，随着阅读能力的提高，眼跳幅度变大，眼跳次数变少，注视时间更短，注视次数也更少（Lefton，Nagle，Johnson，Fisher，1979；Rayner，1998，综述）。

（二）中文阅读中影响阅读眼动的主要因素

同英文研究一样，文体与读者的特征均会影响中文阅读的眼动，详细内容见后续内容（第二章儿童阅读眼动的发展）。在此，我们重点探讨汉语中语言学的特征对阅读的影响。

1. 字词的复杂性。汉字在数量、类型以及内部构造上存在很大差别，字或词的复杂性通常以笔画数为指标。Just 和 Carpenter（1987）记录了中国读者在阅读时的眼动情况，结果发现，多笔画字的阅读时间更长，并且，每增加一笔，平均凝视时间要增加 4.6 毫秒。Yang 和 McConkie（1999）控制了双字词的词频和每个词素的复杂性，结果表明，字与词的复杂性均影响跳读率、再注视率和注视时间。词越复杂，跳读率越低，再注视率越高，注视时间也越长。Yang 和 McConkie 认为，字越复杂，读者越需要更多的时间分解汉字，或者需要更长的时间对不同成分进行加工，使其进入词汇识别系统。并且，词越复杂，也越会使副中央凹的加工效率降低，进而影响跳读率和再注视率。

在中文阅读的字词加工中，笔画数是复杂性的有效指标，但不是理想指标，因为并未考虑汉字的结构。最近，Yan 等人（2012）通过省笔画探讨了笔画在汉字识别中的作用。省略方式包括省前、略后和保框。为了考察省略笔画数的影响，省略比例分为三个水平——15%、30% 和 50%，记录被试在不同省略方式和比例下的阅读眼动情况。结果表明，无论何种省略方方式，省略 15% 的笔画数在阅读时间、注视次数和回视指标上与正常句子无差异。当省略 30% 或更多笔画时，保框式最容易阅读，其次是略后，最难的是省前方式。这说明，不同的笔画在汉字识别中所起的作用是不同的，汉字识别依靠灵活的笔画加工方式。

2. 字词的频率。除了视觉复杂性，汉字和词的频率也是不同的。Yan、Bai 和 Rayner （2006）考察了不同频率的字词对中文阅读的影响，包括操纵词频（高 / 低）、首字字频（高 / 低）和尾字字频（高 / 低）三个自变量，平衡八种词的笔画和部件数。结果表明，在目标词的注视时间上，词频的主效应显著，高频词比低频词的注视时间更短（同样结果见 Chen et al.，2003；Inhoff，Liu，Tang，1999；Just，Carpenter，1987；Yang，McConkie，1999）。同时发现了字频对注视时间的影响，并且首字的频率影响更大，首字是高频时注视时间比低频时更短。这一效应受词频影响，当词是高频时，字频的影响变小。Yan 等人认为，当一个双字词是高频词时，词是作为一个整体进入心理词典的，而低频词是词素通达（即字频发挥作用）。

3. 词的预期性。词的预期性是读者能够根据当前内容预测即将出现词的程度。Rayner、Li、Juhasz 和 Yan（2005）记录了被试阅读不同预测性目标词的眼动情况，把预测性水平分为低、中和高三个水平，通过控制目标词的词频、字频和笔画数，发现了显著的预期性效应。被试在高、中预测水平目标词上的注视时间显著短于低预测水平。这一结果同 Rayner 和 Well（1996）对英文研究的结果一致，说明中文读者和英文读者一样，在阅读中受内容限制 / 预测性因素的影响。

总之，词频、预测性与英文的作用相同，但在复杂性（笔画数）上有其语素文字的特点，不同于英文的研究。

第二章 儿童阅读的眼动发展

大量的研究采用眼动技术来探讨成人被试在阅读中的心理加工过程（见 Rayner，1998，2009 的综述），并且在研究的基础上已经发展出相对成熟的眼动模型来揭示阅读的本质（如 SWIFT 模型：Engbert，Longtin，Kliegl，2002；Engbert，Nuthmann，Richter，Kliegl，2005。E-Z 读者模型：Pollatsek et al.，2006a，2006b，2006c；Reichle et al.，1998，1999，2003，2006，2009），但这些模型仅能解释发展的终点——熟练的成人被试的眼动情况。相对于大量的以成人为被试的研究，以儿童为对象的眼动研究却为数不多。

Rayner（1998）在极具影响力（被引用 2665 次）的综述中，总结了在眼动领域中发表的文献 800 多篇，其中只有 4 篇是儿童的阅读，也就是说，儿童的阅读长期以来受到了忽视；2009 年的综述显示，关于儿童阅读的的研究开始受到研究者的重视，文献数量有所增加，但仍然非常有限。在中文阅读中，该研究更是少之又少，在中国知网中输入“阅读”和“眼动”两个主题，从 2000 年至 2012 年，可以搜索到 451 篇文献，但增加“小学生”这一主题，搜索数量仅为 18 篇，多集中于快速阅读的训练，仍然不能全面而系统地反映小学生阅读与眼动的关系。

儿童的眼动研究很少不足为奇，因为要想获得精确的眼动数据，需要被试遵循研究人员的指示，并且尽量不能动，在长时间的实验中，需要足够的耐心。这对成人来说都很困难，更不用说儿童了。找到愿意并且能够在实验期间合作的儿童极具挑战性，因此，较少的样本限制了实验的进行（取决于所用的设备，进而影响到时间和空间精度的数据）。然而，随着眼睛跟踪技术的改进，越来越可能从较大范围年龄段的儿童样本中获取准确的眼动数据。

人类语言的获得与书面阅读能力的发展是一个动态复杂的过程，当儿童进入小学时，已经拥有母语的语音、语义和音节的相关知识，换句话说，他们可以流利地说出字词和句子，几乎没有语法错误，并且，他们也可以很容易地理解别人所讲的话，没有障碍地进行沟通。他们缺少的，是关于语言的正字法信息，即字的书写形式。为了能够阅读，认识字对每一个初学者来说都是非常重要的。换句话说，老师的任务就是将儿童已有的知识（语音、语义等）与正字法信息联系起来，以教会儿童更好地阅读。最初，教学的重点是字形与字音的联系。儿童要学会每个字具有其特有的发音，进一步获得意义，随着识字量的增加，阅读的能力也随之加强。

一、阅读眼动发展的理论问题

与阅读发展相关的理论如 Frith（1985）的阶段模型，即儿童在阅读发展中经历不同的阶段。在第一阶段（标识阶段），儿童学习将某些词语与某些概念在标志特征上联系起来。换句话说，在这个阶段，儿童采用视觉阅读策略，并根据视觉特征（例如字体和颜色）识别某些词语。严格来说，这一阶段不涉及真实阅读。在这个阶段后，逐渐发展到下一阶段，即字母阶段。在这个阶段，儿童开始学习字母表，以及某些音素和字形之间的对应，逐字逐句阅读。Ehri（1987，1989）进一步将这一阶段分为部分字母阶段和全字母阶段。在前一阶段，儿童知道一些声母关系，而在后一阶段，他们能够在阅读词语时充分利用音素和字形之间的对应。Ehri（1987，1989）提出，随着读者阅读能力的提高，他们不再坚持纯粹的逐字阅读策略。相反，在整个字母阶段，他们已经知道某些字母群会在特定的语言中重现，即通常所说的音节或语素。这些正字法存储在大脑中，并且可以作为整体来进行搜索，使读者减少逐字阅读的需要。人们可能想知道儿童是如何从长字母序列中提取音节或语素单元的。一种可能性是——因为他们（隐隐地）了解了语言中的正字法规律——他们使用字母同现信息来检测亚词汇边界。例如，他们可以检测词中的双字母波谷，这意味着某个双字母组的频率低于前一个和后一个双字母的频率。考虑到这种波谷通常出现在亚词汇边界（Seidenberg，1987；Seidenberg 和 McClelland，1989），即音节或语素边界，因此可以容易提取音节或语素信息。最后，当儿童发展为熟练读者时，进入自动化阶段，从整词中识别熟悉的词（Ehri，1987，1989）。应该注意，已经发展到某个阶段的读者也可以采用早期阶段的策略。

但上述理论仅是对阅读发展阶段的一般概述，有关阅读眼动发展的理论尚不成熟。任何实验的开展都需要有理论的支持，之所以要对儿童阅读的眼动进行记录，基于以下的考虑。

第一，需要考虑年龄和阅读能力之间的关系，以及它们如何影响眼动行为。随着年龄的增长，儿童的阅读能力也随之提高。因此，在不同年龄组之间观察到的眼动行为的任何差异，一方面可归因于年龄的差异，也可以归因于阅读技能的差异。

当熟练的成年读者在阅读一行文本时，他们的眼睛会做出一系列极快的眼跳，准确地定位，不断地使信息落在中央凹区域。与许多其他的运动技能一样，眼球运动的控制在速度和准确度方面随年龄增长是可能的。事实上，尽管儿童在眼跳准确度、眼跳速度和眼跳过程中与成年人相同（例如 Cohen 和 Ross，1978；Fukushima，Hatta，Fukushima，2000；Salman et al.，2006），使用非阅读任务的研究已经证明了眼跳潜伏期随年龄增长而缩短（例如 Cohen，Ross，1978；Groll，Ross，1982；Huestegge，Radach，Corbic，Huestegge，2009）。因此，一种可能性是，在诸如阅读的任务上，最佳阅读取决于快速和准确的眼动，与年龄相关的运动控制的改善是保证最佳阅读的基础。

另一方面，也许更明显的是，眼动控制的发展变化也是阅读技能提高的行为结果。随着阅读技能的提高，眼动的变化反映与文本理解相关的认知加工难度的降低。在这种情况下，可能会看到同一年龄的儿童在阅读技能上有显著的差异。

虽然在本研究中已经排除了不在正常年龄范围内的、有阅读困难的儿童，到目前为止，仍没有研究明确地解决了这种潜在的分歧。儿童和成人在阅读期间眼动行为的差异，可能是运动技能的年龄变化和阅读能力差异的结合。这两个因素的相对贡献在眼动文献中还没有被很好地阐述；然而，未来的研究可以通过设置多个儿童参与组，如生理年龄匹配组和阅读年龄匹配组，以及对与阅读技能相关的文本难度进行系统性操纵,来单独考察与年龄相关的变化的原因。

第二，关于阅读期间眼动行为与年龄变化的关键问题，是二者的因果关系。是增加的材料难度导致读者出现更多、更长的注视，还是眼球运动的不良控制导致出现阅读困难的情况？对儿童的眼动研究的结果表明，是阅读期间的加工困难导致眼动行为的变化。Rayner（1986）发现，在一组 9 至 10 岁的儿童中，相比于容易的句子，阅读难句子时阅读速度较慢，注视次数较多，注视时间较长，知觉广度较小。因此，对于个体读者来说，阅读材料的难度影响眼动行为。Häikiö 、Bertram、Hyönä 和 Niemi（2009）发现，相比于高阅读能力的读者，阅读能力较弱的读者（8 岁、10 岁、12 岁以及成年人）的阅读速度较慢，知觉广度较少（见“第三章知觉广度的概述”的介绍）。因此，加工难度反映在读者的眼动行为中，不清楚眼球运动控制是否会导致阅读困难。与正常发展的同伴相比，有阅读障碍的儿童注视不稳定、眼跳次数多、视觉注意力不足、知觉广度范围小（Kirkby，Webster，Blythe，Liversedge，2008）。然而，大多数研究者都认为对阅读障碍儿童来说,眼动行为的差异与阅读能力或是相关的，或是阅读能力的结果（Rayner，1985）。迄今为止没有公开的数据能提供令人信服的证据，证明差的眼动控制导致阅读障碍。

第三，如本章开头所说，目前有几个相对成熟的关于阅读眼动的模型，但它们仅仅基于熟练成人阅读者的数据（Engbert et al.，2002，2005；Pollatsek et al.，2006abc；Reichle et al.，1998，1999，2003；Reilly，Radach，2006）。最近使用人工学习智能的研究表明，经过强化学习，可以出现类似于成熟读者的眼动（Liu 和 Reichle，2010；Reichle，Laurent，2006）。人工智能仅受与影响阅读眼动相关因素的约束（眼跳计划的时间、词长作为与词汇识别相关的加工难度的指数，对词汇识别的视觉灵敏度限制，对句子中单词的注意分配）。

成功识别词受到奖励，花费较多时间受到惩罚——目标是尽快识别句子中的所有词。出现的这种行为类似于在熟练的成人阅读中观察到的行为。智能学习眼跳目标定位在词中心，并且关于何时（阅读时间）和何处（再注视和词跳读率）移动眼睛的决定受到词加工难度的影响。在未来，收集儿童阅读时的眼动数据进行模拟，将为理解阅读期间（视觉、语言、注意、眼动控制之前的相互作用）眼动行为发展变化的机制提供机会。

二、英文阅读中儿童的眼动特征

（一）英文阅读中儿童眼动的一般特点

儿童一旦掌握阅读技能，也可以同成人一样，通过记录眼动过程来反映阅读。然而，以儿童为被试的眼动研究还很少，主要原因是采用眼动仪来测量儿童非常不方便。尽管这样，还是有一些关于儿童阅读眼动的研究，尤其是随着设备的更新，越来越多的研究开始关注儿童阅读的发展。表 2–1 列出了迄今发表的关于不同年龄儿童阅读发展的眼动数据（Blythe et al.，2006，2009，2011；Buswell，1922；Häikiö，2009；Huestegge et al.，2009；Joseph et al.，2009；McConkie et al.，1991； Rayner，1986；Taylor，1965；Taylor et al.，1960）。虽然所有研究显示了相同的眼动行为的发展变化，但是它们对不同年龄儿童选用了不同的刺激材料。

一些研究为不同年龄的读者提供了不同的材料，以努力匹配各组之间的材料难度（Blythe et al.，2006；McConkie et al.，1991；Taylor，1965）。相比之下，其他研究为所有年龄段的读者提供了相同的句子，以避免材料作为额外变量影响实验结果（Blythe et al.，2009，2011；Buswell，1922；Häikiö et al.，2009；Huestegge et al.，2009；Joseph et al.，2008，2009；Rayner，1986）。在第二种研究中，刺激难度通常适用年龄最小读者的水平，因此，对于成年读者来说非常容易。

表 2–1　　阅读期间眼动的发展变化

		生理年龄（美国：年级）						
		7—11（2—5）	成人					
Blythe 等人（2006）	平均注视时间（毫秒）	279	240					
	平均眼跳幅度（字）	7.1	8.2					
	回视比率	0.28	0.21					
		7—9（2—3）	9—10（3—4）	成人				
Blythe 等人（2009）	平均句子阅读时间（毫秒）	5473	4666	2965				
	平均注视时间（毫秒）	285	256	249				
	平均句子注视次数	16.8	15.6	10.3				
	平均句子回视次数	5.2	5.1	2.4				
	再注视比率	0.15	0.11	0.05				
	词跳读率	0.39	0.44	0.44				
		8—9（3）	10—11（5）	成人				
Blythe 等人（2011）	平均句子阅读时间（毫秒）	4563	3213	2092				
	平均注视时间（毫秒）	253	232	206				
	平均句子注视次数	18.0	13.9	10.1				
	平均句子回视次数	3.1	2.9	1.5				
	再注视比率	0.45	0.30	0.19				
	词跳读率	0.09	0.16	0.20				

（续表）

		生理年龄（美国：年级）						
		6—7（1）	7—8（2）	8—9（3）	9—10（4）	10—11（5）	11—12（6）	成人
Buswell（1922）	平均注视时间（毫秒）	432	364	316	268	252	263	252
	每行文本注视次数中数	15.5	10.7	8.9	7.3	6.9	7.3	5.9
	每行文本回视次数中数	4.0	2.3	1.8	1.4	1.3	1.6	0.5
		8—9（3）	10—11（5）	12—13（7）	成人			
Häikiö 等人（2009）	平均阅读速度（词/分）*	90	145	190	245			
	平均注视时间（毫秒）*	260	235	210	205			
	平均眼跳幅度（字）*	3.2	5.3	5.8	6.8			
	词跳读率*	0.05	0.08	0.11	0.15			
		8（2）	10（4）					
Huestegge 等人（2009）	平均阅读速度（词/分）	66	103					
	平均注视时间（毫秒）	358	297					
	平均眼跳幅度（字）	5.3	6.3					
	平均句子注视次数	35.9	27.2					
	平均回视比率	0.36	0.42					
		7—11（2—5）	成人					
Joseph 等人（2009）	平均句子阅读时间（毫秒）	5381	2932					
	平均注视时间（毫秒）	283	235					

（续表）

		生理年龄（美国：年级）						
Joseph 等人（2009）	平均眼跳幅度（字）	7.6	8.2					
	回视比率	0.29	0.22					
		6—7（1）	7—8（2）	8—9（3）	9—10（4）	10—11（5）	成人	
McConkie 等人（1991）	平均注视时间（毫秒）	432	268	262	248	243	200	
	平均眼跳幅度（字）*	3.6	4.9	5.7	6.6	6.3		
	平均注视次数（/100 词）	168	138	125	132	135	118	
	回视比率	0.34	0.33	0.34	0.36	0.36	0.21	
		7—8（2）	9—10（4）	11—12（6）	成人			
Rayner（1986）	平均阅读速度（词/分）*	95	160	210	290			
	平均注视时间（毫秒）*	280	275	240	235			
	平均眼跳幅度（字）*	2.8	6.0	6.4	6.6			
	平均注视次数（/句）*	15	9	8	6			
	平均回视次数（/句）*	4.0	2.3	2.5	0.6			
		6—7（1）	7—8（2）	8—9（3）	9—10（4）	10—11（5）	11—12（6）	成人
Taylor（1965）	平均注视时间（毫秒）	330	300	280	270	270	270	240
	平均注视次数（/100 词）	224	174	155	139	129	120	90
	回视比率	0.23	0.23	0.23	0.22	0.22	0.21	0.17

注：标记为“*”的指标是从图表里获得的。Blythe 等人（2006，2009）和 Joseph 等人（2009）的数据来自英国儿童，他们从 5 岁开始接受正规教育。Blythe 等人（2011）和 Häikiö 等人（2009）的数据来自芬兰儿童，他们的正式教育始于 7 岁。最后，Buswell（1922）、McConkie 等人（1991）、Rayner（1986）和 Taylor（1965）的被试来自美国，其正规教育从 6 岁开始。

如表所述，阅读眼动的变化随年龄变化的趋势非常明显。随着年龄增长，句子阅读时间和注视时间减少，眼跳幅度增加，注视和回视次数减少，再注视比率降低，并且跳读率增加（Buswell，1922；Lefton et al.，1979；McConkie，Zola，Grimes，Kerr，Bryant，Wolff，1991；Rayner，1985；Taylor，1965）。一年级被试的平均注视时间是 300—450 毫秒，六年级的平均注视时间（230—270 毫秒）已经非常接近成年人（200—250 毫秒）。通常成年人对短词仅有一次注视，McConkie 等人（1991）发现一年级被试对 5 字单词的再注视率是 57%。关于眼跳，一年级被试有 23%—34 % 的回视，六年级有 21%—24%。尽管儿童与成人的眼动模式有很多不同，但眼跳位置接近词的中央，同成年人一样（McConkie et al.，1991）。并且，即使是 7 岁儿童，在阅读六字词时，当刺激呈现时间为 40—57 毫秒时即可获得视觉信息（Blythe et al.，2009）。Rayner（1986）的研究通过 4 个实验，比较了 3 个不同年龄组（7—8、9—10 和 11—12 岁）与成人的眼动差异，显示了基本的发展变化特征。实验 1 到 实 验3 中采用适合二年级的阅读材料，实验 4 中采用了适合四年级与大学生的材料。4 个实验的结果都是一致的。在这提一下实验 1 的结果是：随着年龄增长，儿童整体的阅读速度从 7—8 岁的 95 词 / 分钟提高到 11—12 岁的 210 词 / 分钟，成年人为 290 词 / 分钟。这种随着年龄增长的熟练度反映了如下几个基本变化：（1）平均眼跳距离随年龄增长而变大，7—8 岁为 2.8 个字符，11—12 岁为 6.4 个字符，成年人为 6.8 个字符；（2）句子（6—9 个单词的句长）的平均注视次数随年龄增长而减少，7—8 岁为 15 次，11—12 为 8 次，成年人为 6 次；（3）平均注视时间随年龄增长而减少，7—8 岁为 280 毫秒，11—12 岁为 240 毫秒，成年人为 235 毫秒；（4）回视次数也随年龄增长而减少，7—8 岁为 4 次，11—12 岁为 2.5 次，成年人为 0.6 次。总之，儿童随着年龄与阅读能力的提高，眼动模式也逐渐接近成年人，如更大的眼跳距离、更短的注视时间、更少的注视次数、更少的回视。如 Blythe 和 Joseph（2011）的综述所言，这一基本发展模式已经被其他若干实验（不同年龄、不同教育背景、不同语言、不同实验控制）所验证（Blythe，Häikiö，Bertram，Liversedge，Hyönä，2011；Blythe et al.，2006；Blythe，Liversedge，Joseph，White，Rayner，2009；Buswell，1922；Huestegge，Radach，Corbic，Huestegge，2009；Häikiö，Bertram，Hyönä，Niemi，2009；Häikiö，Hyönä，Bertram，2010，2011；Joseph，Liversedge，2013；Joseph，Nation，Liversedge，2013；Joseph，Liversedge，Blythe，White，Rayner，2009；Kirkby，Blythe，Drieghe，Liversedge，2011；McConkie et al.，1991；Taylor，1965）。

考虑到参与者的年龄与采用指标的不同（如，回视次数这一指标，有的研究用的是每句话的回视次数，有的是占所有眼动次数的百分比），有的研究提供给所有被试相同材料，有的则提供适合其年龄段的材料，这样便不能对两种实验的效应量进行有意义的比较。还有一个就是前面提到的不同难度材料的选择。对于任何特定的年龄组选择不同难度的材料，也会一定程度地反映眼动行为与年龄相关的变化实质。此外，所有研究结果普遍认为 11 岁左右的眼动行为的发育变化能够达到成年水平（见表 2-1）。

在研究中，为了控制加工难度，为每个年龄组编写不同的句子，眼动行为的年龄相关变化可能是个体识别句子中单词年龄变化的结果。具体来说，尽管句子是年龄适当的，但是与成年人相比，这些眼动行为的差异可能反映出儿童的词汇识别更慢或更低效。这一假设得到了数据支持，8 岁时的语言技能（字/图片命名速度），而不是眼动技能（眼跳与反眼跳任务中的眼跳潜伏期）可以预测 10 岁时的句子阅读时间（Huestegge et al.，2009）。要清楚，这些数据表明，儿童的词汇加工能力可以预测他们阅读句子时的眼动行为。在所有迄今为止发表的研究中，在阅读句子时，观察到的眼动行为的基本发展变化非常一致。

（二）眼跳的发展变化

阅读期间眼动行为的一个重要方面是读者将首次注视点（或随后的再注视）落在词的什么位置上，以及在词上的着陆位置对于正在进行的语言加工的影响。对于成年读者来说，初始注视位置影响词的加工速度（Vitu et al.，2001）以及再注视的可能性（McConkie et al.，1988，1989）。三项研究分别探讨了在正常文本阅读期间儿童的眼跳位置效应（Joseph et al.，2009；McConkie et al.，1991；Vitu et al.，2001）。

McConkie 等人（1991）报告了 Grimes（1989）的数据，表明儿童在接受阅读教学的第一年，虽然没有报告全面的分析，也表现出与成年人相同的眼跳位置模式。此外，McConkie 等人发现，像成年人一样，儿童的首次注视点位于词前空格或词的第一个字母上，再注视（5 字母词）的比例要高于首次注视点位于词中位置（虽然这些推论是从观察数据趋势而不是从正式统计分析得出的）。

Vitu 等人（2001）对三组数据集进行了全面的分析，其中一组使用了 12 岁左右的儿童的数据。虽然研究的目的不是比较儿童和成人，但 Vitu 等人的数据显示，儿童第一次或第二次注视的位置似乎没显示出与成年人的不同。像成年人一样，眼跳位置位于词中心，并且位置受词长的影响（即词越长，定位到词上的注视时间越长）。此外，与成年人一样，与 McConkie 等人的数据类似，当首次注视位置远离中心时（如词首或首尾），儿童再注视的比例高于眼跳位置在中心的比例。

Joseph 等人（2009）使用严格控制的实验材料，即句子中的目标词分别为 4、6 和 8 个字母的词长，直接比较成人和 7—11 岁儿童的眼跳位置的差异。在任何词长上，首次注视位置均没有发现儿童与成人显著的差异。与以前的研究一致，当首次注视位置远离词中心时，儿童和成人都表现出更多的再注视。此外，虽然差异不显著，但儿童再注视眼跳幅度小于成年人，回视次数也更多。

总而言之，这三项研究的数据显示，在阅读发展早期（7 岁），儿童将其眼跳朝向词中心（McConkie et al.，1991；Vitu et al.，2001），与成年人的首次注视位置差异不大（Joseph et al.，2009）。此外，当首次注视位置远离词中心（位于词首或词尾）时，儿童（像成年人）再注视的比例高于词中心位置（Joseph et al.，2009；McConkie et al.，1991；Vitu et al.，2001）。这可能是因为注视位置远离词中心时，不能充分提取词汇识别所需要的视觉信息。然而，儿童的再注视眼跳幅度略小于成年人（Joseph et al.，2009）。

尽管与成年人相比，儿童在阅读期间可获得的副中央凹信息量有限（即他们的知觉广度范围更小），但可用的副中央凹信息在正常文本阅读期间，也可有效地用于指导他们的眼动行为，以便获得最大的阅读效率（当对一个词的注视不止一个注视点时，儿童的效率要低于成年人）。值得注意的是，在阅读期间，眼动行为的某些方面可能由于基本的运动现象而产生，独立于学习阅读。虽然阅读发展可能与决定注视哪个词有关，但实际的眼跳目标和预视机制可能仅仅是眼动控制的基本特征；例如，成人和儿童都倾向于将注视位置朝向词中的发现可以被表征为全局效应，这一现象不一定与阅读有关系。然而，到目前为止的研究表明，儿童将眼跳目标定位于词中心，并且这种能力在阅读教学开始之前或在阅读教学的第一年内就已经具备了。

除了上述介绍的有关阅读眼动发展的一般特征，还有一些具体的因素影响儿童的阅读。成人眼动论文中基于词的效应对儿童影响最大的两个分别是词长和词频 (Just，Carpenter，1980；Rayner et al.，1996 ；Henderson，Ferreira，1990；Inhoff，1984；Inhoff，Rayner，1986；Just，Carpenter，1980；Rayner，1977；Rayner，Duffy，1986；Rayner，Raney，1996；Rayner et al.，2003）。下面分别对这两个因素进行介绍。

（三）词长的影响

通常来说，词长（以字母数量度量）影响该字是否将被注视，而且影响注视的持续时间。例如，长词比短词更容易被注视并且注视次数也更多（Brysbaert，Vitu，1998；McConkie，Rayner，1976；Rayner，Fischer，1996；Rayner，

McConkie，1976；Rayner，Sereno，Raney，1996；Vitu，O'Regan，Inhoff，Topolski，1995）。即使只有一次注视，注视长词的时间也长于短词（Rayner，Fischer，1996；Rayner，McConkie，1976；Rayner 等人，1996）。然而，所有这些研究均以成年读者为被试。到目前为止，只有五项研究明确考察了词长如何影响儿童阅读时的眼动。

Hyönä 和 Olson（1995）记录了阅读障碍儿童（平均年龄 14.4 岁）和阅读年龄匹配控制组（平均年龄 10.5 岁）的眼动。朗读材料的目标词分为不同的词长，分别为短词（5—6 个字母）、中词（7—8 个字母）和长词（9—11 个字母）。阅读材料被设置成比大多数参与者的词识别水平更高的难度水平，以便产生一些阅读错误。Hyönä 和 Olson 发现，在几个眼动指标中，两组被试中均出现明显的词长效应，分别是：凝视时间（在眼睛向右或者向左眼跳离开单词之前，对单词进行的所有注视的总和）、首次注视次数（在眼睛向右或者向左眼跳离开单词之前，对当前词注视的次数）、第二次阅读时间（在离开之后对该词进行的所有注视时间总和）和第二次注视次数（与第二次阅读时间相关的所有注视次数之和）。尽管词长影响儿童阅读眼动与成年人类似，但本研究并未采用成年人作为基线水平进行比较。此外，词长的影响是通过事后检验发现的，而不是通过实验控制来实现的，从而可能引入一些其他因素（例如词频的影响，Rayner，Duffy，1986）混淆了词长的效应。

Hyönä 和 Olson （1995）研究的第一个局限由 Vitu、McConkie、Kerr 和 O′ Regan （2001）的实验解决。他们的实验考察了儿童（平均年龄 12 岁）与成年的眼动情况，仍采用事后检验分析词长效应。研究结果同样发现儿童在长词上的注视时间长于短词。此外，注视位置也同成年人相似，例如，成年人与儿童更容易注视长词，首次注视点均位于词中心的左侧，即偏向注视位置（preferred viewing location） （Rayner，1979a）。然而，由于眼跳失误，注视点的位置高于或低于目标词，注视位置分布类似于缺失尾部的高斯分布（McConkie，Kerr，Reddix，Zola，1988；Rayner et al.，1996；Vitu，O'Regan，Inhoff，Topolski，1995）。并且，对两组被试而言，首次注视位置也影响了他们的凝视时间，产生了反向最佳注视位置效应（inverted optimal viewing location）；而且，当注视点位于词的中心位置时，单一注视时间与首次注视时间都达到最大值（Nuthmann，Engbert，Kliegl，2005；Rayner，Fischer，1996；Reingold，Reichle，Glaholt，Sheridan，2012； Vitu，McConkie，Kerr，O'Regan，2001）。这些结果都表明，对儿童与成年人来说，词长对眼动的影响方式是类似的。McConkie 等人（1991）对 Grimes （1989）收集的儿童眼动语料库的分析也得到了相类的结论。

在默读实验中，Joseph 等人（2009）采用了与 Hyönä 和 Olson 不同的方法——在数据收集之前操纵词长，这意味着他们能够控制目标词（每句话一个）的词频和可预测性。这可以确保观察到的任何效果都是由词长而不是其他语言变量引起的。此外，实验句的编制适合年龄最小的被试（7 岁），这意味着对年龄较大的儿童（11 岁）和成人相对容易。与儿童相比，成年人阅读速度更快，眼跳距离更大，注视次数更少，注视时间更短，回视更少。两组眼跳位置都很相似：首次注视点都位于偏向注视位置，并且眼跳位置分布也相同，当首次注视位置位于词首或词尾时，再注视次数增加（McConkie，Kerr，Reddix，Zola，Jacobs，1989; Rayner，Fischer，1996; Rayner et al.，1996; Vitu，O'Regan，Inhoff，Topolski，1995）。然而，相比于成人，儿童对注视词尾的再注视次数更多，再注视比例比成年人更接近 U 型曲线。同 Hyönä 和 Olson 一样，他们发现了稳定的结果，即长词表现出更长的凝视时间、更多的注视次数以及更长的总阅读时间。他们还发现，成年人和儿童对短词的跳过频率均高于长词。重要的是，词长对大多数儿童的影响大于成人读者，这不仅表明儿童在阅读时对长词的认知负荷高于短词，还表明与成年读者相比，词长的增加对儿童正在进行的词汇加工具有更大的影响。此外，由于对词频和可预测性的仔细控制，成人和儿童之间的这种差异可能是由于长词比短词需要更多的视觉加工，这表明儿童需要更多和（或）更长的视觉采样以便到达可以进行词汇加工的水平。

类似地，Huestegge 等人（2009）发现，与短词（4—5 个字母）相比，8 岁和 10 岁儿童对长词（6—9 个字母）的凝视时间和总注视时间更长，并且与前两个研究一样，他们没有观察到词长对儿童首次注视时间的影响。他们还发现年龄和词长在再注视时间（凝视时间减去首次注视时间）上存在交互作用，显示年龄较小儿童的词长效应比年长儿童更大。因此，来自默读实验的这些数据表明，与年长的读者相比，年幼读者在长词上需要额外的加工时间，并且该需求随着年龄增长而减少。

最近的一项实验直接研究了为什么儿童对长词进行多次注视的问题（Blythe et al.，2011）。8—9 岁、10—11 岁的儿童和成年人阅读包含长（8 个字母）或短（4 个字母）词语的句子时，这些句子正常呈现或以消失文本呈现（关于消失文本范式，参见“第五章 阅读中信息提取的研究概述”的部分）。相比于正常阅读条件，8—9 岁的儿童在消失文本范式下对长词表现出更少的再注视（较少的凝视时间）。然而，进一步研究发现，消失文本条件下回视次数明显多于正常阅读条件，这就导致在两种阅读条件下对长词的总注视时间没有差异。这表明，儿童采用了不同的眼动策略，对长词需要二次采样而不影响总加工时间。这种效应在年长儿童中减弱，成人中最小。这表明年幼儿童需要两次注视才能获取信息，而 10 岁儿童一次注视就够了。

总之，这些研究提供了令人信服的证据。无论默读还是朗读，在注视位置上儿童与成人有类似的地方，但在时间上差异很大。换句话说，儿童与成人一样，眼跳落于偏好注视位置，并且当首次注视位于词首或词尾时，再注视次数增多。儿童（9 岁左右）对长词进行加工时速度更慢，效率更低，这是由于他们需要更多和更长的视觉采样。并且，随着年龄增加，阅读加工单元变大，词长效应会减少，即词长效应对年幼读者的影响大于年长读者（Huestegge et al.，2009；Zoccolotti，De Luca，Di Pace，Gasperini，Judica，Spinelli，2005）。

（四）词频的影响

词频指的是一个词在阅读过程中被遇到的频率，是反映单词识别难度的一个重要指标（根据各种语料库制成的表格，如 Baayen，Piepenbrock，Gulikers，1995；Brysbaert，New，2009；Francis，Kucera，1982；New，

Pallier，Brysbaert，Ferrand，2004）。因此，词频将极大程度地影响它是否将被注视，而且影响其被注视时间。例如，几项眼动实验均表明，高频词更容易被跳读，即使被注视，也比低频词的注视次数更少，时间更短（Inhoff，Rayner，1986；Just，Carpenter，1980；Kliegl，Nuthmann，Engbert，2006；Rayner，Pollatsek，Reichle，2004；Schilling，Rayner，Chumbley，1998；Henderson，Ferreira，1990；Inhoff，1984；Just，Carpenter，1980；Rayner，Duffy，1986；Rayner，Raney，1996）。词频效应说明，词汇加工是从书面材料获得发音与意义的过程，高频词由于其重复呈现与练习，使其可以快速准确被识别（例如，Joseph et al.，2013；Taylor，Plunkett，Nation，2010；Nation，2009）。因此，经过练习，词的形式和含义可以更好地存贮在记忆中，所以在阅读时仅需要更少、更短的时间来识别。然而，上述这些结论主要基于成年读者得出的。

那么，儿童的眼动是否同成人一样，也受词频的影响？在以儿童为对象的基于字词效应的相对较少的研究中，已有专门操纵词频（Blythe et al.，2006，2009；Huestegge et al.，2009；Hyönä，Olson，1995）的研究。

在上面介绍的同一研究中，Hyönä 和 Olson（1995）也研究了词频效应。每个长度的词被分为三个频率组：低频、中频和高频。可以从首次注视时间中看到口头阅读中的词频效应显著，表明频率对儿童词汇加工的影响是即刻的，同成人结果一致。重要的是，目标词的词频是从适合年龄的文本中提取的，因此高频和低频词对儿童而言是高频或低频，而不适用于成人。这项研究表明词频对儿童和成人的阅读行为有即时的影响。然而，Blythe 等人的一项研究（2006）发现了成年读者的词频效应，却未能在 7—11 岁儿童中出现，可能的原因是研究使用了成人语料库数据来指代词频。

这两个研究之间的差异表明成人频率计数可能不适合儿童。然而，在 Blythe 等人（2009）两个独立的实验里，对目标词采用成人频率计数时，7—9 岁和 10—11 岁的儿童也出现了词频效应。效应出现在词汇识别的早期指标，如单一注视时间、首次注视时间等，儿童与成人结果一致。使用成人频率计数的第三项研究也发现词频对 8—10 岁儿童眼动的影响，但仅出现凝视时间和总注视时间两个指标上（Huestegge et al.，2009）。与高频词相比，低频词首次注视时间稍高，但在统计学上并不显著。美中不足的是这项研究中没有成人对照组，因此不能比较词频效应对儿童和成人的差异。

最后，Joseph 等人（2013）也探讨了不同频率的目标词对句子阅读的影响。在这个实验中，Joseph 等人重新比较了成人与儿童（8—9 岁）阅读包含不同频率目标词句子的眼动差异，但是频率是基于儿童语料库，同时控制了成人频率与获得年龄。结果发现，在凝视时间指标上，儿童出现了明显的词频效应，但没成人没有。这说明词频的统计对不同年龄的群体是不一样的，要探讨词频对阅读的影响，必须考虑到年龄因素。

总之，这些结果很重要，是因为它们表明，在阅读期间何时移动眼睛的"决定"是受认知控制的，并且儿童与成人很相似。如前所述，两组被试的注视时间均受词频的影响，即使在视觉信息呈现时间非常短暂的情况下。因此，这些结果强烈地表明视觉信息提取的速率在儿童和成人之间没有差异，但是词汇加工速度的差异反而是眼动差异的根源。

需要说明的是，通过对 7 岁儿童眼动指标的分析可见，词频对词汇识别有很大的影响。然而，可能的情况是，尽管成人计数频率可能在儿童中产生效果（对于成人和儿童来说，大多数词语频率是一致的），但是使用适合年龄的频率计数文本是获得强大效应的更可靠的手段。这显然需要一个研究来操纵成人和儿童的词频，并考察词频对不同年龄群体眼动的影响。

此外，对儿童来说，词的预期性也会导致对句子内容的提前加工。例如，Joseph 等人（Joseph，Liversedge，Blythe，White，Gathercole，Rayner，2008）发现，即使是 10 岁儿童，对高预期性词的加工要比低预期性词的加工更容易。儿童阅读获得年龄较早的词比较晚的词更快（Coltheart，Laxon，Keating，1988），也就是说，同成人一样，越是熟悉的词，激活阈限越低，越容易词汇通达。总之，影响儿童词加工的因素同成人是一样的。

所以，未来的研究需要仔细控制可能混淆的语言变量，如获取年龄和可预测性，以及词频的年龄适当性，以便明确词频如何影响儿童正在进行的词汇加工。最后，应该注意，这些数据为理解 7 岁儿童阅读期间眼动的认知控制提供了大量证据。也就是说，到 7 岁时，儿童的阅读已经发展到一个水平，他们注视词时的语言加工决定了他们何时在文本中移动眼睛。

三、中文阅读中儿童的眼动特征

Chen 等人（2003）报告了二、四、六年级以及大学生的眼动数据。结果表明，二年级学生对一个词的总注视时间比大学生多了 38%，凝视时间多了 29%，首次注视时间多了 21%。并且，即使是六年级学生，在总注视时间上也比大学生多了 10%，但在凝视时间与首次注视时间指标上无差异（只有 3%—4%）。不同的眼动指标反映了阅读中词汇加工的时间进程，首次注视时间反映的是早期的视觉编码与正字法加工，凝视时间反映的是晚期加工，总注视时间反映的是最近的并且是最高水平的文本整合（Liversedge，Findlay，2000；Rayner，1998）。Chen 等人认为，六年级学生的基本词汇识别加工已经达到成年人的水平，但是更高水平的语言加工，例如文本整合，还有发展空间。最后，Chen 等人报告了其他的眼动指标（回视率和眼跳幅度）在各年级间的变化很稳定，他们认为这是由汉字文本排列的特点决定的，眼跳幅度更小，变化也更小，才能进行有效的视觉编码。

Feng 等人（Feng，Miller，Shu，Zhang，2009）进行了一项跨语言的发展研究，探讨了中英文读者的眼动发展轨迹。在他们的实验中，中国和美国的三、五年级和大学生被试分别用各自的母语阅读适合其年龄段的文章，结果发现，注视时间在不同年龄段（McConkie et al.，1991）与不同语言（Sun，Feng，1999）间的变化趋势是非常相似的。具体说来，美国三年级、五年级和大学生的平均注视时间分别是 263 毫秒、244 毫秒和 191 毫秒，中国三年级、五年级和大学生的平均注视时间分别是 265、238 和 212 毫秒。随着年龄增加，平均注视时间变短，但是在不同语言间无差异，并且语言类型与年级无交互作用。

然而，有趣的是，为了考察被试对新词、已经看过的词以及当前词的注视情况，该研究进一步分析了注视、回视和再注视三个眼动指标，结果出现了语言间的差异。中国读者比美国读者有更多的回视率，并且在不同年级间的差异是相同的（McConkie et al.，1991；Chen et al.，2003），美国儿童（三年级和五年级）比中国儿童有更少的向前注视和更多的再注视，两国的成年人没有差异。Feng等人认为当阅读不熟悉词时，美国儿童倾向于将词读出来，因而导致更多的再注视，否则很难将一个长词分解为语义单元。无论如何，这种效应对儿童的影响比对成人的影响更大。

Zang 等人（2011）比较了儿童（8—9 岁）与成人对目标词的注视位置，以考察儿童与成年人在中文阅读中是否使用了不同的眼跳策略。同时，控制文本呈现条件（正常条件与词间空格条件）以探讨词间空格能否促进读者（尤其是儿童）对目标词的注视。选用注视时间、再注视率、平均眼跳位置以及再注视位置几个眼动指标反映词识别与眼动的发展特征。结果表明，与儿童相比，成年人识别词的时间更短，再注视率也更低，眼跳位置也更多地落于词间（当只考察单次注视时无差异），成年人的再注视位置也更多地受首次注视的影响。如果首次注视位于词首，则再注视时会位于词尾。然而，儿童的再注视却没有如此高效。这些差异是由阅读能力与眼动控制技能的差异导致的，与拼音文字的结果是一致的（Joseph，Liversedge，Blythe，White，Rayner，2009；Rayner，1986）。

四、研究目的

综合上述的研究结果，可以发现，儿童的眼动特征有和成年人有相似的地方，也有不同的地方。一个基本的问题是，什么导致了这种异同？换句话说，随着儿童阅读技能的发展，是什么导致了前述的眼动变化？总的来说，有两种可能的解释。

第一种解释认为这更多地依赖直觉——阅读技能的发展导致眼动的变化。

根据这种解释，随着阅读技能的提高，儿童可以快速准确地识别单词以及其他的对构建文本意义有帮助的语言能力。随着这些语汇和语言技能的提高，构建单词意义的效率相应提高，每次注视（平均）所需要的时间也随之减少，所以眼睛可以快速地从一个注视点移到下一个注视点。因此，随着词汇和语言加工效率的提高，可以推测在理解文本意义时所需要的注视点次数变少、时间变短。我们将这种可能的解释命名为“语言能力假设”。按照这种解释，当儿童成长为一个熟练读者，逐渐提高的语言加工熟练度会使其眼动特征接近于熟练成年读者。关于这个假设，需要补充一点的是，Perfetti 和 Hart（2002；也可见 Perfetti, 1985, 2007）认为熟练阅读必备的条件是高质量的词汇表征的能力——音形义的表征，这三者各自独立又相互联系，任何一方（如词形）被表征会快速通达其他两个方面（如词义与发音）。虽然这一假设有其适用性（如，某人不认识汉字，就不能用中文阅读），但并未说明检验这一假设，当一个读者阅读技能提高，其高质量的词汇表征能力未必就导致熟练的阅读，比如不一定导致更长的眼跳、更少的注视点和更短的注视时间。

第二种解释认为，随着眼动行为的发展，经过大量练习和学习，读者可以调节其眼动控制系统达到最佳（或接近最佳）眼动。例如，一些证据表明年幼儿童的眼动速度与准确性差于年长儿童和成年人(Luna, Velanova, 2011)。例如，采用相对简单的眼动任务（如移动眼睛到视觉目标），相比于成年人，儿童在计划眼跳方面稍慢（Cohen，Ross，1977，1978；Groll，Ross，1982；Klein，Foerster，2001；Kowler，Martins，1982；Miller，1969），但眼跳速度是相同的(Fukushima, Hatta, Fukushima, 2000; Salman et al., 2006)。根据第二种解释，因果关系就变成类似于成年人的眼动行为导致了同成年人一样的阅读技能，即眼动行为的发展（如眼跳目标为词中位置）导致高效的阅读。尽管第二种眼动调节假设不那么直观，甚至有些不真实，但确有大量事实证明眼动与视觉变量可以明显地影响词汇加工的速度与准确性。例如，对词的首次注视位置会影响词汇通达的时间(O’Regan, Lévy-Schoen, 1987; Vitu, McConkie, Kerr, O’Regan, 2001）。因此，第二个假设也需要某种类型的正式评估。

最后，眼动行为如何变化可以解释大多数观察测到的阅读发展的行为差异，尽管很难假设哪个解释更有优势，但是在逻辑上可行的是，眼动行为的变化结合语言加工效率的提高，均可以解释观测到的变化。鉴于这个原因，为了解释儿童的眼动如何变得类似于成年人，有必要了解语言加工和眼运控制如何随着发展而变化。

除此之外，从一个阅读初学者成长为一个熟练的阅读者，小学阶段是一个人阅读能力发展最快速的时期。但是，在这个阶段内，儿童的阅读能力是如何发展的，比如，儿童在阅读中一次注视能获取的有效范围是多大，在这个范围中能获取什么样的信息，以及提取信息的速度有多快，却鲜有研究。

为了进一步探讨小学生在上述阅读方面的发展情况，以小学生为被试展开阅读眼动实验。此外，大学生被试作为成人代表也参与了大部分的实验，目的是将小学生与成人的情况进行对比，发现差异。所有实验均采用眼动仪记录被试阅读时的眼动情况，所有材料均是在电脑屏幕上呈现的。我们预期，随着小学生在阅读中接受更多的指导与练习，其阅读能力会发生质的变化。探讨如何变化以及何时发生变化是本研究的主要目的。由于测试每个年级的儿童过于费时费力，分别选择了三年级和五年级两个年级。在有的实验中，为了进一步调查阅读成绩在阅读能力中的作用,还在每一级中将被试分为快速和慢速阅读者。

研究分为三个方面，从空间的角度来说，分别是知觉广度，以及在知觉广度范围内能够获取的信息——副中央凹预视，第三个是与时间进程有关，即信息提取速度，以反映小学生阅读的过程，进而揭示眼动指标与儿童语言文字能力的关系，为眼动模型的完善提供发展依据。这有助于科学揭示人类语言发展的本质，同样对教育活动有着重要指导和实践价值。

第三章　知觉广度概述

一、含义与研究范式

知觉广度是指在阅读中一次注视能够获得有效信息的视觉区域（McConkie，Rayner，1975；Rayner，Pollatsek，1989；Shen，Bai，Yan，Liversedge，2008）。

测量知觉广度最常用的技术是移动窗口范式（moving window paradigm）。当句子呈现时，在注视点周围形成一个预设的窗口，窗口外的文字被“X”或其他随机字母代替（在中文中常使用“※”或形似字），窗口随着注视点的移动而移动，窗口内的文字是正常呈现的，窗口外的文字被不同程度地破坏。具体呈现的示意图见图 3-1。

老师通过测验来了解学生的知识掌握情况……［原句］
老师通过测 ※※※※※※※※※※※※※……［第一次注视］
　*
※※※※ 测验来了解 ※※※※※※※※※……［第二次注视］
　　　　*
※※※※※※※ 了解学生的 ※※※※※※……［第三次注视］
　　　　　　*

图 3-1　移动窗口范式示意图

注：“*”表示读者眼睛的注视点，下同。

这个范式的逻辑是，设定较小的窗口会干扰被试的正常阅读，但当窗口同被试的知觉广度一样大时，被试的阅读同正常呈现的文本没有区别，不受窗口限制的影响。通过不断变化窗口的大小，即可探知被试知觉广度的范围，而且，改变窗口外掩蔽材料的类型，可以获得阅读中不同类型的知觉广度。

二、不同语言的阅读知觉广度研究

自从移动窗口技术出现后，认知心理学家们使用它对不同语言的知觉广度进行了研究（荷兰语、日语、希伯来语等）。从研究结果中可以看出，不同语言的眼动特征不同，知觉广度也是不同的。

研究者采用移动窗口技术（包括目前一种新的变式“副中央凹放大技术”，parafoveal magnification，PM，Miellet，O’Donnell，Sereno，2009），发现拼音文字读者尤其是英语国家的成年读者的知觉广度范围为注视点左侧 3—4 个字母，右侧 14—15 个字母，与阅读顺序相同的右侧范围更大，是不对称的（Rayner，1998，2009 综述）。除了总体的知觉广度，研究者还变换窗口外掩蔽材料的性质，从而获得知觉广度的不同类型。例如，对于成人，已经证明从注视点较远区域可以获得词长信息（例如 McConkie，Rayner，1975；Rayner，1986），受益于词间空格，并且有助于启动对下一个词的眼跳计划。从较小的区域可以获取有关字母特征和字母识别的信息。相关研究已经表明（例如，Balota et al.，1985；Pollatsek，Lesch，Morris，Rayner，1992），相比于字母识别信息（如正确识别字母），字母特征信息（即字母的形状）可以从更大的范围内获取。

与 McConkie 和 Rayner（1975）的实验相似，Den Buurman、Roersema 和 Gerrissen（1981）采用移动窗口技术探讨了荷兰人的阅读知觉广度，窗口分别为 13、19、25、31、43 个字母以及整行条件，窗口垂直方向跨越三行文字，结果表明知觉广度为 25—31 个字符空间，注视点左右侧各占 12—15 个字符空间，4—5 度视角（与 McConkie 和 Rayner 的结果很接近）。

日语是由日语汉字和假名构成的，日语汉字是表意文字，假名是表音文字。Osaka（1987，1992）采用移动窗口技术探讨了日语的知觉广度，结果发现，包含日语汉字和假名的阅读知觉广度（注视点右侧 7 个字符）大于仅有假名的知觉广度（注视点右侧 5 个字符）。Osaka（1993）发现，无论是横排版还是竖排版，知觉广度是不对称的，如果将日语中的一个字母看成英语中的一个字母，那么日语的知觉广度要小于英语。

与英语不同的是，希伯来语的阅读方向是从右向左的，因此探讨其知觉广度的不对称性是个很有趣的问题。Pollatsek 等人（1981）以母语为希伯来语的以色列人为被试，考察其阅读知觉广度，同时又以英语—希伯来双语者为被试，让其阅读英语和希伯来语句子。设定的窗口条件有三种，一种是对称的，注视点左右侧各 14 个字符；另两种是不对称的，分别是左侧 4 个字符右侧 14 个字符，左侧 14 个字符右侧 4 个字符。结果发现，两种语言的知觉广度都是不对称的，希伯来语是左侧范围大，英语是右侧范围大。双语者的知觉广度随语言不同而相应变化，因此，阅读知觉广度的不对称性因语言的不同而不同。Rayner（1998）认为读者总是倾向于向阅读方向分配更多的注意力，从而可以获得更多的信息。

同样，Inhoff 和 Liu（1998）也采用移动窗口技术探讨了中文句子阅读的知觉广度。实验中设置了 11 种窗口条件，其中包括 2 种控制条件，即整行条件（正常句子）和无预视条件（仅注视点 1 个字），窗口外由不同汉字掩蔽。右侧窗口条件共 7 种，窗口大小分别为注视点右侧 1—7 个字；左侧窗口条件共 2 种，在右侧为 7 个字的基础上，左侧分别为 1 个或 2 个字。窗口内的可视文本随眼动而发生变化。实验结果表明，中文阅读的知觉广度是不对称的，分别为注视点左侧 1 个字，右侧 3 个字（类似结果见 Chen，Tang，1998；Gray，1956；Sun，Feng，1999）。Inhoff 等人还发现，知觉广度有部分重叠，也就是说，眼跳距离略小于知觉广度，这表明，通常中文读者注视的区域已经对先前的注视进行了部分加工。此外，研究还发现，从当前注视点向右眼跳不受下一个词词长的影响，但受语言性质的影响，即当副中央凹处为与文本内容一致的汉字时，眼跳距离大于不一致汉字（掩蔽字）。这表明中文读者的向右眼跳目标更多地受语言信息的影响，而不是单纯的视觉信息。总之，中文阅读的知觉广度小于英语的知觉广度，这可能是由汉字的复杂性决定的，汉字单位空间里包含的信息更多，不像英语那样有明显的词边界。但是，Inhoff 等人也指出，当以词为单元进行度量时，英语与中文的知觉广度差异就不明显了。由于中文大多为双字词，这样中文的广度大约为当前注视词以及右侧一个词，而英语的平均词长为 6—7 个字母，这表明英语读者的知觉广度为当前注视词以及右侧 1—2 个词。

三、影响阅读知觉广度的因素

综合已有的研究（Rayner，1998；Rayner，2009），影响阅读知觉广度的因素包括如下几个方面。

（一）年龄和阅读能力

已有研究证明儿童的知觉广度小于成年人。Taylor（1965）采用一种简单方法测量一次注视中读者能够加工的信息数量，将一行中词的数量除以注视点的次数，结果发现，二年级被试可以一次注视 0.57 个词，四年级是 0.72 个词，六年级是 0.83 个词。Fisher 和 Montanary（1977）让被试阅读文本，文本中的词间空格被不同类型的字母填充。结果发现，缺少了词边界信息对年长儿童（五年级和六年级）的干扰更大，对初学者（一年级和二年级）的干扰较小。由此可知，年长儿童阅读无空格文本困难，这是由于他们已经能够熟练地从副中央凹处获得信息，词边界线索遭到破坏，将会影响他们的眼跳策略。相反，年幼儿童更依赖于中央凹信息的加工，所以副中央凹处的信息破坏不能对他们的阅读造成干扰。通过变换边缘视觉区域的信息，Patberg 和 Yonas（1978）也探讨了阅读知觉广度的发展，被试是八年级高阅读能力学生、八年级低阅读能力学生和成年读者。要求被试阅读不同类型词间空格（1 个字母的正常空格和 13

个字母空格）的散文。结果发现，扩大空格距离移除边缘信息后，不影响八年级低阅读能力学生的阅读效率,但是干扰了高阅读能力和成年被试的阅读效率。这些数据都说明知觉广度会随着年龄的增长而扩大。

Rayner（1986）使用移动窗口技术，通过四个实验来说明不同年龄的儿童知觉广度的大小和不对称性，并与成人的结果进行了对比。第一个实验以注视点为中心，窗口是对称的，结果显示两个年幼组（7 岁和 9 岁）的知觉广度为 23 个字符空间（注视点左右各 11 个字符），11 岁组和成人组的知觉广度要更大些，是 29 个字符（注视点两侧各 14 个字符）。当以词而不是字符数来表示窗口大小，并且保留窗口外的词间空间时，读者可以从副中央凹处提前获得词长信息。阅读速度和眼动数据再次表明年幼读者的知觉广度小于年长读者，7 岁组被试右侧知觉广度为 1 个词，9 岁、11 岁与成人的右侧知觉广度为 2 个词。不论以字符数还是词数来定义窗口大小，与之前的对成人的研究一致，7 岁读者从当前注视点预加工字长信息比预加工字母特定信息表现出更大的偏心率。 关于知觉广度的对称性，当注视点左侧信息的可用性受到限制时，所有年龄的参与者的阅读都同样受到破坏，7 岁组儿童与同成年人一样显示出知觉广度的不对称性。因此，这些实验表明，在熟练的成年读者中存在的知觉广度的几个不同方面也存在于 7 岁读者中（如在更大的偏心率下获得即将到来的文本的总属性而不是更具体的字母信息，知觉广度的不对称性）。除了这些相似之处，还发现了一些差异。与成年人相比，年幼读者具有更小的知觉广度，相应地会对注视词进行更多的加工。当比较成人和儿童时，知觉广度大小中的与年龄相关的变化，至少部分地归因于加工难度的差异。注意，难度增加也会减少熟练的成年读者的副中央凹加工（Henderson 和 Ferreira，1990；White 等人，2005b）。

Häikiö 等人（2009）探讨了芬兰语的字母识别广度。窗口外面的字母被视觉相似的字符替换（即用 c 替换 o），保留词边界。以这种方式，读者能够在移动窗口之外预加工词长和字母特征信息，但是只有在窗口内，才能获得正确的字母识别。首先，数据清晰地显示了字母识别广度的发展变化。8 岁组的字母识别广度为注视点右侧5个字母，10岁组为7个字母，12岁组和成人一样，为9个字母。将这些数据与Rayner实验数据进行比较，可以发现，对于所有年龄组，字母识别广度最小，字母特征广度稍大，最大的是词长广度。有趣的是，他们还比较了同一年龄的快速和慢速读者的字母识别广度，在所有年龄段都发现了明显的差异。相比于阅读快的读者，较慢读者的知觉广度更小。这些数据再次表明，阅读技能，而不是生理年龄，对阅读知觉广度的发展有影响（Häikiö，Bertram，Hyönä，Niemi，2009）。

中文研究也得到类似结果，熊建萍等人对中文阅读的知觉广度进行发展性研究，结果发现知觉广度随阅读者年龄的提高而逐渐扩大，五年级和初二年级学生知觉广度的右侧范围为两到三个汉字，高二年级学生的广度为三到四个汉字（熊建萍，闫国利，白学军，2009）。闫国利等人（2011）以小学五年级学生和大学生为被试，采用眼动技术考察读者在阅读过程中一次注视获得信息的情况。结果表明，大学生的知觉广度范围较大，而小学生读者的知觉广度范围较小（闫国利，王丽红，巫金根，白学军，2011）。

总而言之，在知觉广度（字长、字母特征和字母识别）内的预视加工的发展变化，即从注视点右侧获得信息的能力随年龄增长而提高。而且，知觉广度中的这些与年龄相关的增长是由阅读技能的潜在提高驱动的。应将知觉广度理解为阅读期间的注意和加工资源分配的指标，而不是简单地把它作为眼动行为的低级知觉限制。知觉广度的左右不对称在7岁时就已经形成了；显然，相对较少的加工文本的能力仍需要提高，这是成人熟练阅读过程中视觉信息加工的一个重要特征。这种不对称性反映了注意力对即将到来的副中央凹词的预视加工的分配。在我们看来，句子阅读期间副中央凹预视效应的发展是从初学者进步到熟练读者的一个重要方面。7岁儿童的知觉广度明显是不对称的，但这个年龄的阅读能力仍然是相对弱的，并且通过对阅读期间的眼动行为的度量（例如注视时间和句子阅读时间）发现，要达到成人的水平平均至少还需要4年时间。未来的研究必须解决知觉广度范围内副中央凹的预视加工如何随着年龄和阅读技能而继续发展的问题，因为7岁的儿童距离熟练的读者仍然还有很长的路要走。

（二）阅读材料难度与任务难度

知觉广度的大小也与材料特征相关（Henderson，Ferreira，1990; Rayner 等，1996；White，2008；White，Rayner，Liversedge，2005b）。例如，已有研究表明中心凹负荷（Henderson，Ferreira，1990）越大，从副中央凹获取的信息就越少。换句话说，当前注视词难以加工时，与容易加工时相比，处理副中央凹信息的时间将变少。此外，同样适用于副中央凹词——副中央凹词加工难度越大，注视中央凹词时，从中提取的信息也越少（例如，Inhoff & Rayner，1986）。

在 Patberg 和 Yonas（1978）的实验中，自变量分别为难度（难和易）和空格条件（正常空格和增大空格），研究者预期被试阅读难材料的知觉广度可能小于易材料的知觉广度。结果发现，无论是正常空格还是增大空格条件，知觉广度不受材料难度的影响，却受空格条件的影响。与 Patberg 和 Yonas（1978）研究结果不同的是，Rayner（1986）发现材料难度会对知觉广度产生影响。增加文本难度，从而增大中央凹词的加工难度，会减小知觉广度范围。在实验中，材料的难度是与被试的年龄相匹配的。要求四年级被试阅读两种难度的材料，一种是与他们阅读能力相当的材料，另一种是适合大学生的材料，结果发现对中央凹词的加工难度导致了有效视觉区域变化。因此，Rayner 认为增加文本的难度会增大阅读的难度。Henderson 和 Ferreira（1990）采用边界范式探讨了中央凹加工难度对知觉广度的影响。在实验 1 中，中央凹加工难度是通过操纵词频（高频和低频）实现的，在实验 2 中通过操纵目标词前句法的复杂程度实现。结果发现，当中央凹难度增大时，从副中央凹获取的信息减少。因此，他们得出结论，知觉广度是可以变化的，受中央凹加工难度等因素的影响。White，Rayner 和 Liversedge （2005）也得到类似结论。

闫国利、伏干和白学军（2008）考察了大学生阅读不同难度中文句子的知觉广度，发现阅读容易材料时的知觉广度为 5 个字，而难材料是 3—5 个字。

这些研究都有力地说明材料难度对阅读知觉广度有重要的影响。

除了材料本身的难度对知觉广度有影响，不同的操作任务对知觉广度也有影响。闫国利，孙莎莎，张巧明和白学军（2014）采用经典的移动窗口技术，以 Eyelink 2000 型眼动仪为工具，探讨了自然阅读和校对阅读两种不同的任务对中文阅读知觉广度的影响，结果表明：（1）与校对阅读条件相比，自然阅读条件下的平均注视时间更短、阅读速度更快、眼跳幅度更大。（2）自然阅读条件下被试的知觉广度为注视点右侧 2 个字；校对阅读条件下被试的知觉广度仅为注视点 1 个字的空间。这个结果说明，读者在校对阅读和自然阅读条件下采用了不同的阅读策略，阅读知觉广度的大小受任务要求的影响。

（三）工作记忆容量

工作记忆也对阅读知觉广度有重要作用（Just，Carpenter，1992）。Kennison 和 Clifton（1995）考察了工作记忆容量是否会影响副中央窝预视效应。结果表明，虽然读者的工作记忆并没有显著地影响副中央窝预视效应，然而实验发现阅读知觉广度小的读者与阅读知觉广度大的读者相比较，他们在预视词和目标词上，需要更多的阅读时间和凝视时间，阅读更困难。Osaka 和 Osaka（2002）考察了不同工作记忆的读者阅读日文的阅读知觉广度。结果表明，与低工作记忆容量的读者相比较，高工作记忆容量的读者在窗口小于阅读知觉广度条件下阅读时间更短，注视时间更少，理解率更高。关善玲和闫国利（2007）考察了不同工作记忆容量读者在不同移动窗口大小下的阅读情况。结果表明，与低工作记忆容量读者相比，高工作记忆容量读者能够更好地整合文章信息，进行更有效的阅读。

第四章 副中央凹预视效应概述

一、副中央凹预视效应的含义及研究范式

读者在阅读过程中，中央凹视觉区的视敏度最好，副中央凹视觉区次之，边缘区视敏度最差。所以，为了实现最佳的视觉阅读效果，读者在阅读时必须移动眼睛，使文字能落在中央凹视觉区域内，因此，阅读过程由一系列的注视和眼跳组成。

在阅读过程中读者能否从副中央凹处获得信息，会直接影响他们的阅读效率。副中央凹预视效应指的是当读者注视某个词（位于中央凹）时，可以获得其右侧词的部分信息（白学军，刘娟，臧传丽，张慢慢，郭晓峰，闫国利，2011）。

边界范式通常用来探讨副中央凹预视效应（Rayner，1975，2009；闫国利，巫金根，胡晏雯，白学军，2010），该范式可以精确地测量读者从副中央凹处获得信息的类型和范围。具体做法是：在确定的目标词前设定一条不可见的边界，当读者的眼跳越过边界之前，目标位置是预视刺激。当读者的眼睛跳过边界，目标刺激将替代预视刺激。以字形预视信息为例，该范式的具体示意图见图 4–1。

中国古代的统治者通过|户籍编制来统治人民。……［原句］
中国古代的统治者通过|广籍编制来统治人民。……［当前注视点］
　　　　　　　　　　*
中国古代的统治者通过|户籍编制来统治人民。……［越过边界后］
　　　　　　　　　　|*

图 4-1　边界范式示意图

注：“|”表示不可见的边界，“广”为预视字，与目标字“户”形似。

二、副中央凹预视效应的理论

按照眼动是受高水平信息影响还是低水平信息影响，可以将眼动模型分为两类，分别是眼球运动模型（oculomotor models）和认知加工模型。其中眼球运动模型认为眼动主要受低水平（如文本的物理属性、视觉特征等）的视觉因素影响，与高水平的因素（如词汇、句法等）没有直接关系，如O'Regan的战略—战术模型（strategy-tactics model）（O'Regan，1990，1992；Reilly，O'Regan，1998）。虽然低水平信息会影响眼动行为已经得到实验支持，但更多的实验更支持认知加工模型。

认知加工模型强调词频、预测性和语境等高水平因素对读者眼动行为的影响，它又可以分为平行加工模型和序列加工模型。关于词是序列加工还是平行加工的问题，一直是阅读眼动中的热点问题。

序列加工模型如E-Z读者模型（Reichle，Pollatsek，Fisher，Rayner，1998）认为，读者阅读时采用序列加工的方式，注意资源是按序列分布的，即同一时间内仅能集中在一个词上，只有在当前注视词加工完成之后，注意才能转移到下一个词的加工。尽管有时对于下一个词的眼跳计划可能开始得更早，但也要在第一阶段词汇识别阶段（对当前注视词）结束时。有时对当前词完全识别，而眼跳计划尚未执行，注意也会转移到下一个词上，实现对这个词的“提前加工”，这样就会影响到对副中央凹词的加工。这一模型的隐含意思是指，副中央凹词的特征不能影响对当前词的加工，因为这些特征要在眼跳计划执行之后才能发挥作用。因此，任何副中央凹词的特征都对中央凹词产生影响，即出现的中央凹—副中央凹效应（parafoveal-on-foveal effects，简称 PoF effects；Kennedy，2000）都可看作是对序列加工模型的否定。然而，需要说明的是，E-Z 读者模型的最新版本（Pollatsek et al.，2006）认为存在一个前注意阶段，副中央凹词的一些低水平的信息会影响中央凹词的加工，这样会导致部分 PoF 效应。

但是，平行加工模型如 SWIFT 模型（Engbert et al.，2005）却可以很好地解释 PoF 效应。它不需要依赖前注意加工阶段，因为平行加工模型认为，注意可以同时分布于不同（可达 4 个）的词上，读者注意资源的分配从中心到边缘是呈梯度下降的（陈庆荣，邓铸，2006；胡笑羽，白学军，闫国利，2010）。这样，自然而然地，副中央凹词会对当前注视词产生影响。SWIFT 模型（Richter，Engbert，Kliegl，2006）认为副中央凹预视效应是存在的，读者不仅能获得词 N ＋ 1 的预视效应，同时还能获得词 N ＋ 2 的预视效应，但预视量会受到词长、词频等的影响。

到目前为止，关于 PoF 效应尚无定论。有研究能够证明效应的存在（Kennedy，2000；Kennedy，Pynte，Ducrot，2002；Kliegl，Risse，Laubrock，2007；White，2008），但绝大多数关于阅读的实验并未发现副中央凹词对注视词的影响（Altarriba，Kambe，Pollatsek，Rayner，2001；Hyönä，Bertram，Pollatsek，2004；Pollatsek et al.，1992），即使存在，也是由于错误的注视点（mislocated fixations）引起的（Drieghe，Rayner，Pollatsek，2008）。这是由于当注意转移到副中央凹词时，计划眼跳本应转移到副中央凹词，却错误地落在当前注视词上的缘故。Drieghe 等人（2008）证实了这一结论。当排除落在当前注视词末尾字母的注视点时，未发现 PoF 效应。然而，对于目前存在的较少的正字法 PoF 效应，甚至更少的语义 PoF 效应，错误的注视点理论是否能解释尚不清楚。

三、副中央凹预视获得信息的类型

与视敏度最好的中央凹相比，副中央凹是否可以提取出有用信息呢？

有的实验研究表明，当中央凹的加工困难时，很难继续对副中央凹的信息进行加工，因此不能获得副中央凹的信息（Henderson，Ferreira，1990）。然而，有实验表明这种现象只会发生在注视点落在中央凹的最后三个字母的情况下（Kennison，Clifton，1995）。目前已有大量证据表明，读者除了能从当前注视的单词中获取信息外，他们还能从注视点的右侧获取信息并将该信息即时应用于阅读理解（Rayner，1998）。在正常的阅读过程中，大概有三分之一的单词被跳读，这些单词应该是在读者注视它们左边单词的时候得到预加工而被跳读的。所以很多实验研究均认为，从注视点右侧可以获得有用信息，从而缩短了该词成为中央凹词的阅读时间，如果副中央凹词被遮盖或者根本无法获得副中央凹词信息时，阅读效率会大大下降（Rayner，1982）。虽然很多实验证实，阅读中可以获得副中央凹信息，但是关于获知信息的水平和程度问题还存在很大的分歧。

（一）英文阅读中的预视信息类型

有研究显示，读者可以从副中央凹处获得低水平的视觉信息，如单词的首字母信息（Johnson，Rayner，2007；Rayner，Well，Pollatsek，Bertera，1982）、正字法信息（Drieghe，Rayner，Pollatsek，2005；White，Rayner，Liversedge，2005a）和抽象的字母代码及语音信息（Ashby，Treiman，Kessler，Rayner，2006；Chace，Rayner，Well，2005；Miellet，Sparrow，2004；Pollatsek，Lesch，Morris，Rayner，1992）。

但是关于副中央凹能否获得更高层次的信息，如语义、句法信息，目前还存在很大争论。

有研究表明副中央不能获取语义信息（Altarriba，Kambe，Pollatsek，

Rayner，2001；Henderson，Ferreira，1993；Rayner，Balota，Pollatsek，1986；Rayner， Fischer，Pollatsek，1998；Rayner，Morris，1992）。Rayner 等人运用边界技术，在注视点右侧的副中央凹区域内呈现四种类型的预测词：①基线词（如 tune），②正字法相似词（如 ture），③语义相关词（如 song），④语义不相关词（如 door）。结果发现，只有在前两种情况下才出现副中央凹预视效应，而后两种情况的阅读时间没有差异，所以他们认为副中央凹不能提供语义信息。Altarriba 使用类似的研究范式同样发现，副中央凹并不能获得高级的语义信息。同时，也有许多研究认为中央凹能够获取语义信息（Murray，Rowan，1998）。Murray 等人使用单词比较任务，让读者比较并说出不同句子中相同单词的不同含义，如果当前注视点右侧的词能使整个句子趋于合理，那么目标词的注视时间就短，反之就长。

形成该争议的主要原因是，副中央对信息的加工不如中央凹准确和稳定。并且，正如 Rayner 和 Juhasz（2004）指出的，以往探讨副中央凹加工的研究，大多采用正启动的范式。如果副中央凹能够获得有用信息，目标字就会被大量跳读，造成大量数据缺失从而降低了实验效应的稳定性。

上述研究均是以成人为研究对象的，而关于儿童预视效应发展的研究相对较少。Häikiö 等人（2010）使用边界范式调查了儿童对词间与词内的预视效应是否不同。目标词分为两种类型，一种是复合词（例如“cowboy”中的“boy”）的第二个成分，另一种是形—名词对中第二个词（如“bad boy”中的“boy”），比较成人和 8 岁、10 岁和 12 岁儿童的预视效应有无差异。在本实验中，目标词被形似字母替代。当眼睛跳过不可见边界时，预视字符串更改为目标词。由于这种变化发生在眼跳期间，即视觉输入被抑制，读者不会注视到该变化。在所有年龄组中，复合词的预视效应比形—名词对的预视效应更大（Juhasz et al.，2009）。并且还出现了显著的副中央凹—中央凹效应，但形—名词对中没有出现。由实验结果可知，从 8 岁开始，儿童在阅读期间的注意分配以及预视加工在很大程度上由词边界的视觉提示确定（而不是简单地延伸一定数量的字符空间，不管其包括一个或多个词）（Häikiö et al.，2010）。

（二）中文阅读中的预视信息类型

由于中文比英文在空间排列上更紧密，可能会比英文获得更多的预视信息。大量的研究采用边界范式探讨了中文阅读的预视效应（Liu，Inhoff，Wu，2002；Pollatsek，Tan，Rayner，2000；Yan，Richter，Shu，Kliegl，2009；Yen，Radach，Tzeng，Hung，Tsai，2009；Yen，Tsai，Tzeng，Hung，2008；Tsai，Lee，Tzeng，Hung，Yen，2004）。

1. 语音与正字法信息的获得

Pollatsek 等人（2000）采用变化边界的技术探讨了语音预视信息的获取。在这一技术中，读者注视当前注视点，直到副中央凹处出现一个字（预视字），当读者将要执行眼跳到这一字上时，在眼跳过程中预视字被目标字代替，读者要尽快对目标字进行命名。在实验 1 中，预视字是：①完全相同，②形似音同，③形异音同，④义同形异，⑤无关条件。结果发现，音同预视条件下对目标词的命名潜伏期短于无关条件，无论形似还是形异；义同条件未出现预视效应，这说明副中央凹处的语音（非语义）信息可以促进汉字的识别。在实验 2 和 3 中，进一步考察了声旁的语音信息的预视效应。在实验 2 中，预视字包括：①完全相同，②同音并且声旁同目标字，③异音但声旁同目标字，④形异音同，⑤无关条件，同时控制目标字的发音规则性。结果表明，实验 2 的结果同实验 1，存在语音预视（同无关条件对比），并且，与发音不规则字相比，发音规则的目标字命名时间更短，错误率更低，这说明存在部件的语音预视信息。在异音但声旁同目标字条件下，还存在正字法预视效应。综观数据可得，在注视前与眼跳过程中，可以获得汉字的词汇和亚词汇的语音以及正字法信息。

在 Pollatsek 等人（2000）的研究中，命名任务可能强化了被试语音信息的使用，因此，在后续的研究中，研究者们（如 Liu et al.，2002；Tsai et al.，2004）都使用边界范式实时探讨中文阅读的预视效应，揭示语音与正字法预视的时间进程。具体来说，Tsai 等人（2004）在实验 1 中操纵语音和正字法相似性来探讨预视效应，在实验 2 中控制语音相似性程度，即共享声旁的汉字。结论与 Pollatsek 等人（2000）的结果相似，无论是在字还是部件水平，均发现了快速的早期语音激活。

形成对比的是，Liu 等人（2002）在实验 1 中操纵与目标词完全相同、形似、音同以及不同的预视字。结果表明，在所有注视时间指标中，均发现了字形预视效应，而语音的预视效应仅发生在凝视时间和总注视时间指标上，未发生在首次注视时间上。并且，详细分析字形预视效应后，Liu 等人在实验 2 中进一步将形似条件分成音旁相同、义旁相同或者笔画相同（不共享声旁或义旁）。结果发现，当共享声旁时，预视效应最大，笔画重叠或义旁相同条件的预视效应较小，并且在首次通过时间上没有预视效应。因此，正字法中的音旁在汉字识别中起着重要作用。换句话说，汉字的识别包括正字法信息的提取以及语音的激活（同样见 Feng et al.，2001；Inhoff et al.，1999；Wong，Chen，1999，采用其他范式得到相同的效应）。

2. 语义信息的获得

我们已经知道，在中文阅读中可以获得正字法与语音的预视效应，那么，可否获得语义的预视效应呢？以往研究已经证明，在拼音文字中不能获得语义的预视效应（Rayner，Balota，Pollatsek，1986；Rayner，White，Kambe，Miller，Liversedge，2003）。然而，汉字在语义与字形间的联系以及空间排列上，都比英文更紧密，在中文阅读中可能存在语义的预视效应（Yen，Tsai，Tzeng，Hung，2008；Yan，Riehter，Shu，Kliegl，2009；Yang，Wang，Xu，Rayner，2009；王穗苹，佟秀红，杨锦绵，冷英，2009）。

Yan 等人（2009）操纵五种条件的预视字——相同、无关、形似、音同、语义相似，为了避免亚词汇或部件激活的混淆，选择了字形或结构相对简单的象形字作为实验材料，如“门”。结果表明，在首次注视时间和凝视时间上出现了显著的正字法和语义的预视效应，在凝视时间上出现了语音预视效应，并且更重要的是，在凝视时间上，出现了显著的语义中央凹—副中央凹效应。

与英文研究不同的是，中文阅读中结论比较一致，即副中央凹可以进行语义的预视加工，这说明中文阅读过程中的眼动控制可能与英语阅读存在差别，副中央凹预视效应更大，并且发生的时间也更早。

3. 词汇的获得及时间进程

以往研究表明，无论是汉字单独呈现（Pollatsek et al.，2000）还是连续呈现（Tsai et al.，2004；Yan et al.，2009），均发现了字水平（字形、语音和语义）的预视效应。那么，在词水平上是否存在预视效应呢？ Yen 等人（2008）通过两个实验来探讨这一问题。在实验 1 中，预视词是真词或由两个真字构成的假词，结果表明，即使是无关词或与内容相背的词，其跳读率也高于假词（Inhoff，Wu， 2005， 结果相似）。在实验 2 中，所有预视词的首字同目标词相同，例如“戒烟”的“戒”，分成三种类型：与目标词词素相同，如“戒除”；与目标词词素不同，如“戒备”；假词，如“戒料”。结果表明，同词素的注视时间短于假词，存在预视效应，这说明存在对词的提前加工，而不能归于仅是首字字形相似的原因。因此，在中文阅读中，可以获得词水平的预视效应。

Yen 等人（2009）探讨了副中央凹词汇信息获得的时间进程。当注视点落在前目标词上时，控制目标词（副中央凹词）在两个时间段内呈现。一种是在最初的 140 毫秒内呈现或被假词掩蔽，另一种是 140 毫秒以后呈现。结果发现，无论何种时间段，均出现了掩蔽效应，即掩蔽条件下的注视时间均长于非掩蔽条件。因此，Yen 等人认为限制可见性条件下，也可以比较早地获得副中央凹预视效应。

4. 词 N ＋ 2 的预视

Yang 等人（Yang，Wang，Xu，Rayner，2009）探讨了中文读者能否获得更远距离的预视，即词 N ＋ 2 处可否获得同词 N ＋ 1 一样的预视效应呢？在实验 1 中，目标词是 1 个单字词（Yang 等人将其称为 1 个字），预视条件分为与目标词完全相同或不同（另一个不同的字）两种条件。结果表明，词 N ＋ 2 可以获得同词 N ＋ 1 一样的预视效应。在实验 2 中，目标词是双字词。为了确保被试能辨别出副中央凹处的词，增加了假词条件（2 个汉字不能构成 1 个词），结果表明，词 N ＋ 1 出现了显著的预视效应，词 N ＋ 2 的预视效应在凝视时间指标上出现了边缘显著，首次注视时间上未出现，这表明可以在某种程度上获得词 N + 2 的预视效应，并且前目标词是高频词时更可能出现。

Yan 等人（Yan，Kliegl，Shu，Pan，Zhou，2010）进一步探讨了词 N + 2 的预视效应是否受词 N + 1 认知加工负荷（低频：高负荷；高频：低负荷）的调节，同时探讨词 N + 2 不同类型的预视效应（相同、语义相关、形似与非词）。结果表明存在词 N + 2 的预视效应，词 N + 1 认知加工负荷与预视效应存在交互作用，词 N + 2 在低认知加工负荷（高频）时存在相同预视效应，无论词 N + 1 频率如何，均不存在语义和字形的预视效应。

以上的结果均说明中文读者可以从副中央凹字或词中获得正字法、语音以及部分语义的预视效应。如前所述，拼音文字中不能获得语义预视（Rayner et al.，1986；Rayner et al.，2003）。因此，中文阅读中能获得语义预视说明了其语言的特殊性，并且词 N + 2 处获得的预视受词 N + 1 加工难度的影响。

第五章　阅读中信息提取的研究概述

一、信息提取时间的含义及研究范式

英文阅读的研究结果显示，通常情况下平均注视时间为200—250毫秒（Liversege，Findlay，2000； Rayner，1998；Starr，Rayner，2001）。这个时间段主要包含四部分：眼—脑延迟、信息加工的时间、眼跳的决策时间和发动眼跳的时间（Rayner，Pollatsek，1989）。

Rayner等人（Rayner，Inhoff，Morrison，Slowiaczek，Bertera，1981）利用掩蔽范式首次证明，被试在阅读时，若在首次注视点持续50—60毫秒后让相应的单词消失，则不会影响阅读过程，这一时间即为信息提取的时间。在此需要说明的是，单词识别或其他高水平阅读加工并不是在50—60毫秒内完成的，而是阅读所需要的信息非常快速地进入了加工系统，从而使读者有能力理解材料。一次注视中的剩余时间，Rayner认为主要是用于接下来的眼动，在高水平上整合语篇特征以及预加工当前注视单词右侧的信息。

随后，有研究者（Rayner，Liversedge，White，Vergilino-Perez，2003；Liversedge，Rayner，White，Vergilino-Perez，Findlay，Kentridge，2004） 采用消失文本范式（disappearing text paradigm）说明在英文阅读中为保障阅读顺利进行，视觉信息至少需要呈现60毫秒，与之前的研究结论一致。

消失文本范式的具体程序是：当读者注视一个词达到特定的时间后，被注视的词就会“消失”，即注视点处变成空白。当下一个注视开始时，原来消失的注视词又重新呈现，而该注视词也会在呈现相同的时间后消失。以中文双字词呈现时间是 40 毫秒为例，该范式示意图见图 5–1。

学校组织全体学生参观展览。……［注视开始］
*
　　组织全体学生参加展览。……［注视 40 毫秒之后］
*
学校组织全体学生参观展览。……［下一个注视开始］
　*
学校……全体学生参观展览。……［注视 40 毫秒之后］
　　*

图 5–1　消失文本范式示意图

从图 5–1 中可以看到，读者当前注视的双字词在呈现 40 毫秒后就会消失变成空白。该范式的实验逻辑是：如果当前注视词呈现某一时间后消失，读者仍可以正常阅读，那么说明注视词至少要呈现此特定时间才能使阅读顺利进行。一旦注视词呈现时间少于该特定时间，那么读者无法进行正常的阅读。运用消失文本范式，有助于探索读者在阅读过程中信息的提取时间和阅读过程中视觉刺激与语言信息对眼动的影响（闫国利，巫金根，胡晏雯，白学军，2010）。

二、英文阅读中信息提取的相关研究

在英文研究中，采用消失文本范式，确定了为保障阅读顺利进行所需要的视觉信息呈现时间为 50—60 毫秒。除此之外，研究者还从预视效应、词频的影响以及发展因素方面进行了更为深入的研究。

通过预视效应，被试可以看到注视点右侧的词（Rayner，1998）。还有研究发现，如果注视点右侧的单词被掩蔽或其他方式（如单词的一部分字母由其他字母所代替）改变，则下一个注视点的持续时间将延长 30—50 毫秒（Blanchard，Pollatsek，Rayner，1989；Hyönä，Bertram，Pollatsek，2004；Rayner，Well，Pollatsek，Bertera，1982）。Rayner 等人证实，注视点右侧的单词若在注视 60 毫秒后消失，会破坏对该消失文本的阅读（Rayner，Liversedge，White，2006）。

已有研究发现，在正常阅读条件下，阅读者对低频词的注视时间长于高频词（Inhoff，Rayner，1986；Rayner，Duffy，1986），消失文本的研究也显示存在词频效应（Rayner，Liversedge，White，Vergilino-Perez，2003）。这为眼动的认知控制模型提供了有力的证据，与 E-Z 读者模型的假设也是一致的，即认知和词汇加工影响阅读中眼睛的移动时间。

Liversedge 等人（2004）使用消失文本范式比较了儿童与成人在信息提取上的差异，呈现时间为 60 毫秒。与预期不同的是，不论是成人还是儿童，在阅读消失文本时与正常条件差异不大，并且出现了词频效应（Liversedge et al.，2004；Rayner et al.，2003）。Blythe 等人（2009）采用两个独立的实验再次论证了这一结论。第一个实验比较了儿童（7—11 岁）与成年人在每个词注视 60 毫秒后消失的差异。结果表明，儿童在正常阅读中表现出更多的注视点、更长的注视时间、更短的眼跳距离以及更多的回视，但在消失文本范式下同成年人一样未受到影响。第二个实验比较了两组儿童（7—9 岁和 10—11 岁）与成年人在每个词分别注视 40 毫秒、80 毫秒和 120 毫秒后消失的差异，同样，儿童在整体阅读速率上慢于成年人，但仍未受消失文本的影响。最后，Blythe 等人（2011）又以母语为芬兰语的 8—9 岁、10—11 岁儿童和成年人为被试，注视 60 毫秒后单词消失，得到了相似的结果（Blythe，Liversedge，Joseph，White，Rayner，2009）。

Blythe 等人（2011）采用消失文本探讨了芬兰语儿童识别长词（8 个字母）和短词（4 个字母）的差异。结果表明，在消失文本条件下，8—9 岁的儿童在识别长词时表现出了更少的再注视时间和更多的回视次数，而 10—11 岁儿童和成人未表现出与正常文本的差异。这表明在消失文本条件下，年幼儿童识别长词时采用了另一种视觉识别模式，以适应消失文本的变化（Blythe，Häikiö，Bertam，Liversedge，Hyönä，2011）。总而言之，阅读中视觉信息提取的研究数据显示：7 岁以后，阅读中视觉信息提取的速度增长不显著。因此，尽管在信息编码的空间方面要继续发展到11岁，但儿童首次注视词的位置以及信息提取速度在开始接受正式阅读指导之后短短几年，甚至更早就可以达到成人水平。

三、中文阅读中信息提取的相关研究

闫国利、王文静和白学军（2007）采用消失文本进行研究，发现当读者所注视的双字词在80毫秒后消失，不会影响正常阅读。刘志方（2009）采用同样材料研究发现，延迟时间达到180毫秒时，小学三年级学生阅读消失文本眼动模式与正常条件没有差异，小学五年级为160毫秒，而八年级和成人一样，延迟时间为80毫秒时，阅读消失文本眼动模式与正常条件基本没有差异。闫国利、胡晏雯、刘志方和张智君（2009）采用消失文本范式，考察在中文阅读过程中注视点右侧词对阅读的影响。实验1发现，若读者所注视的双字词及其右侧词在80毫秒后同时消失，则会对其正常阅读产生干扰。实验2排除了当前注视词消失可能存在的效应，即让右侧词在80毫秒后单独消失，结果仍发现会干扰正常阅读。另外，在两个实验中均发现了显著的词频效应。这些结果不仅支持眼动的认知控制模型，还证实注视点右侧词的加工对顺利阅读具有重要性。而刘志方、张智君和赵亚军（2011）的研究得到了不同的结果，在对词N注视持续50—55毫秒后，词N－1消失将严重影响被试的阅读，而词N＋1和词N＋2的消失均不影响总阅读时间，但会导致读者的眼动模式发生改变，说明中文读者可以并列加工阅读知觉广度内的词汇。

第二部分

实验研究

第六章 小学生阅读知觉广度的发展

实验 1 不同掩蔽材料对阅读知觉广度的影响 *

1 前言

知觉广度是指在阅读过程中读者一次注视能够获得有用信息的范围（McConkie，Rayner，1975；Rayner，Pollatsek，1989；Shen，Bai，Yan，Liversedge，2008）。测量知觉广度最常用的技术就是移动窗口技术（moving-window technique），研究者通过变化窗口的大小来控制读者每次注视可获得的信息范围，当窗口大到不再干扰读者的阅读时，即阅读的各项眼动指标与正常阅读没有差异时，可确定知觉广度的大小。

研究者发现英语国家的成年读者的知觉广度范围是不对称的，注视点左侧 3—4 个字母，右侧 14—15 个字母（例如，McConkie，Rayner，1975；Rayner，Bertera，1979；Rayner，Well，Pollatsek，1980；Rayner，1998，2009；Miellet，O'Donnell，Sereno，2009）。在英语中，常用的掩蔽材料包括字母“X”和形似字母（如用 o 掩蔽 c，用 b 掩蔽 h）。控制不同的掩蔽材料得到的知觉广度不同，即可以探讨不同类型信息（如词长、字母识别）获得的知觉广度范围。具体而言，单次注视中知觉广度内获取的信息可以分为三

* 本研究已发表于《心理科学》2013 年第 6 期。

种类型：词长信息、字母特征和字母识别。词长信息的获取主要得益于词间空格（McConkie，Rayner，1975；Rayner，1986）。大部分眼跳位于词中央位置（McConkie，Kerr，Reddix，Zola，1988；Rayner，1979a；Vitu，McConkie，Kerr，O′Regan，2001），而极少位于词间空格（Abrams，Zuber，1972）。获取的词长信息即词长广度，识别字母的信息即字母识别广度，而字母特征广度主要指获取的字母外形特征。

相对于英文而言，中文单位空间里包含的信息更多，没有明显的词边界。已有的研究表明，中文阅读的知觉广度也是不对称的，分别为注视点左侧 1 个字，右侧 2—3 个字（Inhoff，Liu ，1998；Chen，Tang，1998）。但综合已有研究可以发现，不同的研究者采用的掩蔽材料不同，有的采用的是低频汉字和同笔画汉字（Inhoff，Liu，1998；熊建萍，闫国利，白学军，2007），有的采用无意义符号“※”作为掩蔽材料（闫国利，伏干，白学军，2008；伏干，闫国利，2008；闫国利，王丽红，巫金根，白学军，2011），还有的采用点子的随机排列进行掩蔽（Chen，Tang， 1998）。

以上研究发现，中文阅读知觉广度的研究结果不完全一致，可能与实验材料的难度等因素有关，但是，掩蔽材料的不同，是否是影响知觉广度结果的另一个重要原因？不同的掩蔽材料是否影响眼动模式与阅读绩效？已有的研究并未进行探讨。本研究将从以往的研究中选取两种极端掩蔽材料进行比较，一种是有意义的、同笔画的汉字，另一种是无意义的符号“※”，预期结果有如下几种：（1）在中文阅读中，不同掩蔽材料的阅读知觉广度是相同的，那么在以后的研究中，关于掩蔽材料的类型，仅采用相对简单的“※”作为掩蔽材料即可；（2）由于同笔画掩蔽字会对阅读造成干扰，所以文字掩蔽的阅读知觉广度可能比“※”掩蔽的知觉广度小；（3）文字掩蔽的知觉广度会比“※”掩蔽的知觉广度大。本研究更倾向于支持第三个预期，因为当掩蔽一个汉字时，被试可以获得被掩蔽字右侧一个汉字的形、音、义信息。随着窗口的扩大，被试在掩蔽字上可以获得的信息类型逐渐减少，虽然掩蔽字会对中央凹的语义理解有干扰，但文字掩蔽比“※”能更多地提供字形方面的信息，所以文字掩蔽的知觉广度会比“※”掩蔽的知觉广度大。

2 方法

2.1 被试

从天津师范大学选取在校学生 26 名，视力或矫正视力正常，平均年龄 22.38 岁，实验结束后可获得少量报酬。

2.2 实验设计

实验采用 2×6 两因素被试内设计。一个自变量是掩蔽材料类型，分别为无意义符号“※”和形似字 2 个条件；另一个自变量为窗口条件，分为 R1、R2、R3、R4、L1R4 和 L2R4 共 6 个条件；此外还设置一个整行条件，因此实验中共有 13 种实验处理的结合。因变量为阅读速度、平均注视时间、眼跳幅度。

参考以往的研究（Inhoff，Liu，1998；Rayner，1986；Häikiö et al.，2009；

老师通过测验来了解学生的知识掌握情况……整行条件
关收案在胜顿里了解国世到和张尊销做却……R1 条件
*
关收案在胜顿里了解学世到和张尊销做却……R2 条件
*
关收案在胜顿里了解学生到和张尊销做却……R3 条件
*
关收案在胜顿里了解学生的和张尊销做却……R4 条件
*
关收案在胜顿来了解学生的和张尊销做却……L1R4 条件
*
关收案在胜验来了解学生的和张尊销做却……L2R4 条件
*

图 6–1 文字掩蔽可视窗口示意图

注：方框内为可视材料，正式实验中无外框，仅是与窗口外掩蔽字区分，“*”代表注视点的位置，右侧一列表示相应的窗口条件。

Rayner，Castelhano，Yang，2009），设定了 6 种可视窗口条件：R1、R2、R3、R4、L1R4 及 L2R4。R 代表右侧窗口，L 代表左侧窗口，数字代表可见汉字的数量，整行条件即句子全部呈现。不同窗口条件与文字掩蔽材料如图 6–1 所示，“※”掩蔽材料仅将窗口外文字换成“※”即可。

2.3　实验材料

编写了 202 个陈述句，句长为 18 个字，句中无标点符号，多为双字词。从天津师范大学分别选取在校学生（不参加正式实验）30 人，对句子难度和通顺性进行 5 点评定，目的在于选出不认识的字以及不懂的句子，以做修改或删除，保证选用的句子简单易懂。最终保留实验用句 130 个，难度评定结果 $M = 1.22$（1 代表非常简单，5 代表非常难），通顺性评定结果 $M = 1.44$（1 代表非常通顺，5 代表非常不通顺）。

2.4　仪器

实验采用加拿大 SR Research 公司生产的 Eyelink 2K 型眼动仪，采样率为 1000 赫兹。被试机屏幕的刷新率为 150 赫兹，分辨率为 1024×768 像素。被试眼睛距离屏幕 77 厘米，汉字为宋体 22 号字，在屏幕上的大小为 31×31 像素，视角为 0.9 度。

2.5　施测程序

对被试个别施测。首先进行三点校准，被试阅读 4 个练习句以熟悉实验程序，之后正式实验。在实验中随机设置判断句，比例占总句子的 20%，目的是为保证被试认真阅读并理解每个句子。每个被试完成整个实验过程大约需要 30 分钟。

为了平衡顺序效应，将实验材料分成 13 组，每组有 10 个句子，所有实验句子呈现顺序不变，13 种窗口条件与掩蔽材料的呈现顺序采用轮组设计，使每种窗口条件和掩蔽材料在每组句子中都得到应用，产生 13 种不同的观看顺序。

2.6　分析指标

结合以往的文献（Häikiö et al.，2009；Rayner et al.，2009），选取平均注视时间、阅读速度和眼跳幅度作为因变量。平均注视时间是整个句子的全部注视点的平均时间。阅读速度指的是阅读者每分钟阅读的字数。眼跳幅度指两个注视点之间的距离（以字数表示）。

3　结果分析

首先将每种条件下的前两个句子作为练习句剔除，不参与数据分析。然后根据以下标准（Rayner，Libersedge，White，2006；Bai，Yan，Liversedge，Zang，Rayner，2008）对数据进行删除：（1）追踪失败（实验中因被试头动等因素导致眼动仪记录数据丢失）；（2）注视时间小于 80 毫秒或大于 1200 毫秒；（3）数据位于平均数加减三个标准差之外。总共剔除无效数据的比例为 7.97%。实验中所有被试回答问题的正确率均在 85% 以上，说明被试认真阅读了句子。

3.1　不同掩蔽材料与窗口条件的方差分析

采用两因素被试内方差分析，对掩蔽材料和窗口两个变量进行了统计分析，结果表明：掩蔽材料在三个指标上的主效应极其显著，F（1，25）值分别为 16.53、40.02、18.45，$p < 0.001$，与“※”掩蔽条件相比，文字掩蔽条件下的平均注视时间更长、阅读速度更慢、眼跳幅度更小；窗口在三个指标上的主效应极其显著，F（5，125）值分别为 44.75、53.26、49.11，$p < 0.001$，随着窗口增大，总体的趋势是平均注视时间更短、阅读速度更快，眼跳幅度更大；掩蔽材料与窗口在平均注视上存在交互作用，F（5，125）值为 6.28，$p < 0.001$，在另两个指标上交互作用不显著，$p > 0.05$。为了进一步考察在不同掩蔽材料下阅读广度的大小，将不同掩蔽材料下的数据进行分开处理。

3.2 文字掩蔽条件下的阅读知觉广度

阅读知觉广度的计算参考了 Inhoff 的计算方法（Inhoff et al.，1998），对三项眼动指标进行配对比较。文字掩蔽条件下被试在各指标上的平均值见表 6–1。

表 6–1 文字掩蔽条件下被试各眼动指标的平均值与标准差

窗口	平均注视时间（毫秒）	阅读速度（字 / 分）	眼跳幅度（字数）
R1	303（43.58）	150（65.64）	2.43（0.71）
R2	273（37.29）	240（92.67）	2.92（0.67）
R3	264（42.47）	282（143.82）	3.20（0.82）
R4	262（39.57）	301（127.22）	3.48（0.85）
L1R4	243（34.58）	395（158.45）	3.65（0.84）
L2R4	235（26.88）	421（132.11）	3.78（0.82）
整行	230（28.43）	447（157.74）	4.00（0.98）

注：括号内为标准差，以下同。

最大窗口 L2R4 条件和整行条件比较的结果表明，各指标差异均不显著：平均注视时间 $t(25)=2.05$，$p>0.05$；阅读速度 $t(25)=-1.11$，$p>0.05$；眼跳幅度 $t(25)=-1.81$，$p>0.05$；说明所设定的最大窗口条件是有效的。

分别比较 R1—R4、R2—R4 和 R3—R4 以确定知觉广度的右侧范围。R1 与 R4 在各指标上均差异显著：平均注视时间 $t(25)=6.19$，$p<0.001$；阅读速度 $t(25)=-8.14$，$p<0.001$；眼跳幅度 $t(25)=-9.50$，$p<0.001$。R2 与 R4 在各指标上差异显著：平均注视时间 $t(25)=3.89$，$p<0.001$；阅读速度 $t(25)=-4.12$，$p<0.001$；眼跳幅度 $t(25)=-6.76$，$p<0.001$。在 R3 与 R4 的比较中，眼跳幅度差异显著，$t(25)=-3.15$，$p<0.01$；在平均注视时间、阅读速度上差异不显著，平均注视时间 $t(25)=0.37$，$p>0.05$；阅读速度 $t(25)=-1.56$，$p>0.05$。配对比较的结果表明，平均注视时间和阅读速度支持 3 个汉字的空间，而跳幅度支持 4 个汉字的空间。综合三个指标的结果，可以发现，文字掩蔽条件下知觉广度的右侧范围为 3—4 个汉字。

分别比较 R4—L2R4、L1R4—L2R4 以确定知觉广度的左侧范围。R4 与 L2R4 两种条件的比较发现，在平均注视时间、阅读速度和眼跳幅度三个指标上差异均显著，平均注视时间 $t(25) = 6.73$，$p < 0.001$；阅读速度 $t(25) = -4.34$，$p < 0.001$；眼跳幅度 $t(25) = -2.82$，$p < 0.01$。在 L1R4 与 L2R4 的比较中，所有指标上均不显著：平均注视时间 $t(25) = 2.00$，$p > 0.05$，阅读速度 $t(25) = -0.94$，$p > 0.05$；眼跳幅度 $t(25) = -1.78$，$p > 0.05$。这表明文字掩蔽条件下知觉广度的左侧范围为 1 个汉字。

3.3　“※”掩蔽条件下的阅读知觉广度

“※”掩蔽条件下的知觉广度的确定也进行了以上三类比较，结果见表 6–2。

表 6–2　“※”掩蔽条件下被试各眼动指标的平均值与标准差

窗口	平均注视时间（毫秒）	阅读速度（字 / 分）	眼跳幅度（字数）
R1	270（33.96）	256（62.20）	2.87（0.70）
R2	247（33.87）	344（104.35）	3.48（0.85）
R3	250（38.44）	368（132.96）	3.77（0.78）
R4	246（33.69）	399（174.13）	3.95（0.85）
L1R4	239（32.66）	457（160.14）	3.93（0.85）
L2R4	233（32.40）	463（157.56）	4.03（0.77）
整行	230（28.43）	447（157.74）	4.00（0.98）

L2R4 条件和整行条件比较的结果发现，各指标差异均不显著：平均注视时间 $t(25) = 1.22$，$p > 0.05$；阅读速度 $t(25) = 0.70$，$p > 0.05$；眼跳幅度 $t(25) = 0.26$，$p > 0.05$；说明在最大窗口下不影响阅读，所设定的最大窗口条件是有效的。

分别比较 R1—R4、R2—R4 和 R3—R4 以确定知觉广度的右侧范围。R1 与 R4 在各指标上差异显著：平均注视时间 $t(25) = 3.51$，$p < 0.01$；阅读速

度 $t(25) = -4.53$，$p < 0.001$；眼跳幅度 $t(25) = -6.47$，$p < 0.001$。在 R2 与 R4 的比较中，阅读速度和眼跳幅度差异显著，阅读速度 $t(25) = -2.13$，$p < 0.001$，眼跳幅度 $t(25) = -3.69$，$p < 0.001$；在平均注视时间上差异不显著，$t(25) = 0.20$，$p > 0.05$。在 R3 与 R4 比较中，各个指标差异均不显著：平均注视时间 $t(25) = 0.91$，$p > 0.05$；阅读速度 $t(25) = -1.67$，$p > 0.05$；眼跳幅度 $t(25) = -1.58$，$p > 0.05$。配对比较的结果表明，平均注视时间支持 2 个汉字的空间，而阅读速度和眼跳幅度支持 3 个汉字的空间。综合三个指标的结果，可以发现，"※"掩蔽条件下知觉广度的右侧范围为 2—3 个汉字。

分别比较 R4—L2R4 和 L1R4—L2R4 以确定知觉广度的左侧范围。R4 与 L2R4 的比较发现，在平均注视时间和阅读速度两个指标上差异显著，平均注视时间 $t(25) = 3.56$，$p < 0.01$，阅读速度 $t(25) = -3.82$，$p < 0.001$；在眼跳幅度上差异不显著，$t(25) = -0.69$，$p > 0.05$。在 L1R4 与 L2R4 的比较中，所有指标差异均不显著：平均注视时间 $t(25) = 2.02$，$p > 0.05$；阅读速度 $t(25) = -0.35$，$p > 0.05$；眼跳幅度 $t(25) = -1.05$，$p > 0.05$。这表明"※"掩蔽条件下知觉广度的左侧范围为 1 个汉字。

4　讨论

4.1　不同掩蔽材料对阅读效率与眼动模式的影响

方差分析的结果显示，窗口在三个指标上的主效应极其显著，表明可视窗口的大小对阅读者的眼动活动有显著的观看限制效应。窗口越小，阅读活动受到的干扰越大，表现为平均注视时间明显增长，阅读速度变慢，眼跳幅度显著缩短。这表明如果掩蔽掉副中央凹的信息，正常阅读活动就会受到干扰，说明副中央凹预视在阅读活动中起重要作用。

方差分析的结果还显示，掩蔽材料在三个指标上的主效应极其显著，具体表现为文字掩蔽条件下的平均注视时间更长、阅读速度更慢、眼跳幅度更小。这表明不同的掩蔽材料可以影响读者的眼动模式，与符号掩蔽相比，文字掩蔽条件下的阅读效率更低。在平均注视时间指标上，掩蔽材料与窗口之间存在交互作用，随着窗口增大，不同材料的平均注视时间差距逐渐缩小。这表明在窗口较小的情况下，被试可以从中央凹和副中央凹处获得掩蔽文字的语义信息，对句子语义理解产生干扰，因而使得平均注视时间长于符号掩蔽条件，这一结果也得到预视效应实验的支持（Yang，Wang，Xu，Rayner，2009；Yan，Richter，Shu，Kliegl，2009；闫国利，王丽红，巫金根，白学军，2011）。Yang 等人（2009）的结果表明，读者可以从词 $N+2$ 处获得预视效应。Yan 等人（2009）的研究表明，中文阅读中可以从副中央凹处获得语义信息。闫国利等人（2011）以大学生为对象的研究结果也表明，在副中央凹预视中可以获取字形和语音的信息。当窗口逐渐增大，掩蔽文字的语义信息不能获得，对句子的理解不构成干扰，不同掩蔽材料下的眼动指标差异也逐渐缩小。

4.2 不同掩蔽材料对知觉广度的影响

在文字掩蔽条件下，对知觉广度左侧范围的检验发现，3 个指标均支持 1 个汉字的空间；右侧范围的检验发现，平均注视时间和阅读速度支持 3 个汉字的空间，而眼跳幅度支持 4 个汉字的空间。在“※”掩蔽条件下，左侧范围与文字掩蔽相似，三个指标均显示读者可获取注视字左侧 1 个汉字的信息；在右侧范围的检验中发现，平均注视时间支持 2 个汉字的空间，阅读速度和眼跳幅度支持 3 个汉字的空间。由结果可以看出，平均注视时间所反映的知觉广度范围较小，而眼跳幅度支持更大的知觉广度。这是因为平均注视时间反映读者对汉字精细加工的广度，在该广度范围内，读者能够获取字义等较为精细的信息；而眼跳幅度反映了对汉字进行较为粗略的加工广度，如读者计划眼跳时需要的信息。阅读速度与阅读时间是一个高相关的指标，它既可以反映较为精细的加工，与平均注视时间支持的知觉广度一致，也可以反映计划眼跳时进行的加工，与眼跳幅度一致，它所反映的知觉广度范围更为综合（Rayner et al.，1986，2009；Häikiö et al.，2009）。

综合研究结果，推测文字掩蔽下知觉广度的右侧范围为 3—4 个汉字，这一研究结果与 Tsai 等人（1995）和熊建萍等（2007）的结果是相同的；“※”掩蔽下知觉广度的右侧范围为 2—3 个字，这一结果也与大多数的研究结果是一致的（Inhoff et al.，1998；闫国利，王丽红等，2011）。这说明不同掩蔽材料的知觉广度是不同的，导致这一差异的主要原因在于窗口外掩蔽材料所提供的信息不同。与“※”掩蔽相比，文字掩蔽与被掩蔽字笔画相同，绝大多数结构相同，在副中央凹处可以提供更多的字形信息。闫国利等人（2011）的研究结果表明，大学生可以在副中央凹预视中获取字形和语音的信息，从而导致文字掩蔽条件下的知觉广度大于“※”掩蔽的知觉广度。

综合阅读效率与知觉广度的数据可知，与英文研究结果相似，不同掩蔽材料的知觉广度是不同的，实验结果支持了研究假设 3。文字掩蔽的优势是，可以在副中央凹处提供更多的字形信息，比“※”掩蔽有更大的知觉广度，但同时文字掩蔽又会对中央凹的语义理解造成干扰，以平均注视时间、阅读速度和眼跳幅度为指标，显示了文字掩蔽条件下阅读效率更低、眼跳幅度更小。反之，以“※”作为掩蔽材料的优点就是材料选取更容易，不需要对材料进行字形结构等匹配，无意义符号不会对句子的语义理解造成干扰，从而使平均注视时间更短、阅读速度更快、眼跳幅度更大，但缺点是与正常阅读情形有差异，并且在副中央凹处不能提供字形等信息，从而使知觉广度变小。

综合上述分析，以探讨阅读知觉广度为目的，文字掩蔽材料更适合。因为，用文字掩蔽，更接近自然的阅读情景。

5 结论

（1）相对于“※”掩蔽，文字掩蔽条件下的阅读效率更低、平均注视时间更长、眼跳幅度更小。

（2）“※”掩蔽下被试的知觉广度为注视字左侧 1 个字，右侧 2—3 个字；文字掩蔽下被试的知觉广度为注视字左侧 1 个字，右侧 3—4 个字。在中文阅读中，文字掩蔽材料更适合探讨阅读知觉广度。

实验 2　阅读知觉广度发展的影响因素研究 *

1　前言

知觉广度是指读者在阅读过程中每次注视所能获取有用信息的范围（McConkie，Rayner，1975； Rayner，Pollatsek，1989；Shen，Bai，Yan，Liversedge，2008；闫国利，巫金根，臧传丽，白学军，2010）。测量知觉广度最常用的技术是“呈现随眼动变化技术”（gaze-contingent moving-window technique）（McConkie，Rayner，1975）。读者每次移动眼睛，在其注视点周围将呈现一个正常的文本区域，形成一个“窗口”，窗口外的文本由“X”或其他随机字母代替。研究者通过变化窗口的大小来控制读者每次注视可获得的信息范围，当窗口大到能使读者获取有用的信息范围时，阅读的各项眼动指标与正常阅读时没有差异，即可确定知觉广度的大小。

研究者采用移动窗口技术发现拼音文字尤其是英语国家的成年读者的知觉广度范围是不对称的，注视点左侧 3—4 个字母，右侧 14—15 个字母(例如，McConkie，Rayner，1976；Rayner，Bertera，1979；Rayner，Well，Pollatsek，1980；Rayner，1998，2009）。同样，Inhoff 和 Liu （1998）也采用移动窗口技术探讨了中文句子阅读的知觉广度。实验结果表明，中文阅读的知觉广度是不对称的，分别为注视点左侧 1 个字，右侧 3 个字（类似结果见 Chen，Tang，1998；Gray， 1956； Sun，Feng， 1999）。

阅读者的知觉广度不是固定不变的，会随年龄的增长而改变。Rayner（1986）对英语阅读知觉广度的发展性研究发现，在相同的控制条件下，小

* 本研究已发表于《心理发展与教育》2013 年第 2 期。

学二年级和四年级学生的知觉广度大约为注视点右侧 11 个字符空间，六年级被试约为注视点右侧 14 个字符空间，熟练阅读者（大学生）的阅读知觉广度为注视点右侧 14—15 个字符空间，初学阅读者的知觉广度同熟练阅读者一样，都是不对称的。对芬兰语研究表明，8 岁的芬兰儿童字母识别广度大概为注视点右侧 5 个字母，10 岁的儿童大概是 7 个字母，而 12 岁和成人读者则为 9 个字母。在不同年龄组里面，阅读速度快（faster reader）的读者比慢的读者（slow reader）的字母识别广度更大，表明阅读快的读者不像阅读慢的阅读者那样，更多地将加工资源集中在中央窝注视词（Häikiö，Bertram，Hyönä，Niemi，2009）。

汉语在单位空间内包含的信息更多，并且不像英语那样有明显的词边界，因此，研究表明汉语的知觉广度要小于英语的广度。那么，中国儿童的知觉广度的发展水平趋势是否同英语国家儿童一致？综合已有的研究可以发现（熊建萍，闫国利，白学军，2007；闫国利，熊建萍，白学军，2008；熊建萍，闫国利，白学军，2009；闫国利，王丽红，巫金根，白学军，2011），中文阅读知觉广度的研究多以大学生为被试，多集中于探讨某单一因素对阅读知觉广度的影响，发展的相关研究也仅考察了从五年级小学生到大学生的变化。从英语研究的结果中可以看出，小学高年级儿童的知觉广度即可达到成人水平。所以，如果要全面而系统地反映中国儿童的知觉广度发展，需要增加低于五年级的被试，但同时还要考虑到被试的词汇量水平以及参加眼动实验的耐力要求，因此本实验选择了三年级作为眼动实验的最低年级，与五年级和大学生被试分别进行对比，考察阅读知觉广度的发展趋势。

将不同年龄段的被试进行对比，选择何种材料是个问题。一种方法是所有被试均使用同一种材料，方便组间的比较；另一种方法是选择不同材料（与年龄相匹配）使材料符合不同年龄段阅读水平。在 Rayner（1986）的实验中，让小学四年级学生和大学生阅读两种句子，其中一种是符合小学生阅读水平的句子，另一种是适合大学生阅读的句子。结果发现句子难度影响知觉广度大小。当句子难度较大时，读者需要把更多的注意加工落在中央凹区域（人的视野可以分为 3 个区域：中央凹视觉区、副中央凹视觉区和边缘区视觉区。中央凹视觉区和读者的注视点成 1 到 2 度的视角，敏锐性最好，所以阅读时读者必须移动眼睛，使文字能落在中央凹内，以实现最优化的视觉阅读效果）的单词，使其阅读知觉广度变小（Rayner，1986）。闫国利、伏干和白学军（2008）考察了大学生阅读难易中文句子的阅读知觉广度，发现阅读容易材料时的阅读知觉广度为 5 个字，而难材料是 3—5 个字。这些研究都有力地说明材料难度对阅读知觉广度有重要的影响。在本研究中将结合这两种方法，让所有被试均阅读适合三年级的容易材料和适合大学生的难材料，这样可以在同样材料基础上比较不同年龄段的差异，也可以考察难度与年级变量间是否存在交互作用，以此检验知觉广度是否受材料难度的影响。

不仅不同年龄段儿童存在阅读技能的差异，而且同一年龄段儿童也存在。在本研究中，将同一年龄段被试再分成两组——阅读能力高和阅读能力低的被试，以进一步考察同一年龄段内技能高的被试是否比技能低的被试有更大的知觉广度。

综上所述，阅读知觉广度的发展并不是受某单一因素影响，而是多种因素在起作用，如被试的年龄、阅读能力、材料的难度等，所以，采用多因素设计，可以同时考察几个因素的主效应以及交互作用，既可提高实验效率，又具有较好的外部效度，从而揭示阅读知觉广度的内在机制，为中文阅读的相关理论提供实验依据。

2　方法

2.1　实验设计

实验设计为 6×3×2×2 的四因素混合设计，自变量分别为窗口（R0、L1R1、L2R2、L3R3、L4R4 与整行 6 个水平，见图 6–2）、年级（小学三年级学生、五年级学生、成人大学生 3 个水平）、阅读能力（高和低 2 个水平）和材料难度（难和易 2 个水平），其中窗口和材料难度为被试内变量，年级与阅读能力为被试间变量。因变量为平均注视时间、阅读速度、向右眼跳幅度三个指标。

2.2　被试

首先从某小学选取三年级学生 45 人、五年级学生 44 人，从某大学选取大学生 50 人。采用 Leong（2008）等人编制的阅读理解测验，对所有被试以班级为单位进行集体测试，大约需要 50 分钟。该测验包含 8 篇短文，其中 4 篇是记叙文（文章 1、2、3 和 8，《东方之珠》《矛和盾》《亡羊补牢》《月光曲》），3 篇是说明文（文章 4、6 和 7，《长城》《落花生》《诺贝尔》），还有一首李白的诗（文章 5《黄鹤楼送孟浩然之广陵》）。每篇有 3 道开放的推理问题，每题 3 分，总分为 72 分。评分标准是 0、1、2、3 四个等级，得分越高表明阅读能力越强。

根据被试的成绩，按 27% 的比例，从每个年级分别选取高分组和低分组各 12 人参加眼动实验，共 72 人。其中三年级学生 24 人，男 12 人，女 12 人，8—9 岁，平均年龄 8.46 岁；五年级学生 24 人，男 11 人，女 13 人，10—11 岁，平均年龄 10.38 岁；大学生 24 人，男 8 人，女 16 人，17—21 岁，平均年龄 19.17 岁。所有被试的裸视或矫正视力正常，实验结束后都会获得一份礼物。

2.3　材料

句子编写：编写陈述句 223 句，句子长度控制在 17 到 20 个字之间，以单字词和双字词为主，无模糊句法与歧义，句中无标点符号。易材料主要来自小学三年级的课外读物或小学生作文。难材料主要来自生物、化学、物理、地理、医药、天文、考古、医药、建筑等专业领域的科普读物，保证无生僻字。

句子难度评定：分别选择小学三年级学生（54 人）、五年级学生（50 人）与大学生（46 人）（这些学生不参加后来的正式实验）对句子的难度进行 5 点量表评定，所给的分值越高代表句子难度越大，并划出不认识的生字或词，目的在于选出不认识的字以及不懂的句子，以做修改或删除。

正式测试句子: 正式测试句子120个,其中易材料句子长度为17—20个字,平均句长17.87个字,小学三年级、五年级学生和大学生评定的难度分别是1.38、1.33、1.38。难材料句子长度为17—20个字，平均句长19.03个字，三个年级评定的难度分别为3.75、3.30、3.07。

句子呈现方式：参考以往的研究（闫国利，伏干，白学军，2008；伏干，闫国利，2008），本研究采用移动窗口范式来测量阅读知觉广度，使用“※”符号进行掩蔽（闫国利，巫金根，胡晏雯，白学军，2010）。移动窗口范式示意图见图6–2。

中秋节是我们中华民族的传统节日……整行条件
*
※※※※※※中※※※※※※※※※……R0条件
*
※※※※※们中华※※※※※※※※……L1R1条件
*
※※※※我们中华民※※※※※※……L2R2条件
*
※※※是我们中华民族※※※※※……L3R3条件
*
※※节是我们中华民族的※※※※……L4R4条件
*

图6–2　六种可视窗口示意图

注：“*”代表注视点的位置，“※”代表掩蔽材料，没有被“※”掩盖的文字为窗口内可见汉字，右侧一列表示相应的窗口条件。L代表左侧窗口，R代表右侧窗口，数字代表除注视字外可见字数，如L2R2代表注视字左侧2个字、右侧2个字的窗口大小，其余类推。

2.4　仪器

实验采用Eyelink 2000型车载眼动记录仪，采样频率为1000赫兹，空间分辨率为0.01度，呈现变化的延迟时间为6—12毫秒。被试机屏幕刷新频率为150赫兹,分辨率为1024×768像素。被试眼睛与屏幕之间的距离为62.6厘米,刺激以宋体形式呈现，每个汉字在屏幕上的大小为28×28像素，每个汉字成0.9度视角。

2.5 施测程序

（1）每个被试进入实验室后先熟悉环境，之后进行眼校准，以确保仪器准确记录被试的眼动轨迹。实验采用三点定标。（2）向被试呈现指导语："下面将给你呈现一些句子，每次只呈现一句，请认真阅读并理解它们的含义。有些句子后面可能会有问题出现，如果出现，请口头回答。每次句子呈现之前，屏幕上都会出现一个黑点，请注视这个黑点，并按手柄键翻页，句子读完后仍按手柄键翻页。"（3）被试理解指导语后，进行练习。（4）开始正式实验。在实验中，每次句子呈现之前屏幕左侧都会出现一个黑点，黑点的位置与句子首字的位置重合。要求被试每次注视黑点的同时按手柄健，继续下一句的阅读。在实验中设置了一些判断句，目的是保证被试认真阅读并理解每个句子。实验中判断句的比例占总句子的25%，判断句是随机呈现的，以防止被试产生预期。

为了平衡实验材料、窗口呈现顺序的误差，实验分为两个阶段进行，分为难材料与易材料，每个年级一半被试先难后易，另一半被试先易后难。同时为了平衡实验材料、窗口呈现掩蔽顺序的误差，将60句实验材料分成6组，每组有10个句子，全部实验句子呈现顺序保持不变，采用轮组设计安排6种窗口条件的呈现顺序，使每种窗口条件在每组句子中都得到应用，产生6种不同的观看顺序。在正式实验前，被试阅读6个练习句以熟悉实验程序。每个被试完成整个实验过程大约需要40分钟。

2.6 分析指标

结合已有的文献（Häikiö et al.，2009；Rayner，Castelhano，Yang，2009），选取平均注视时间、阅读速度和向右眼跳幅度作为分析指标。平均注视时间是整个句子的所有注视点的平均时间。阅读速度指的是阅读者在单位时间内阅读的字数，用句子的总字数除以总阅读时间。向右眼跳幅度指两个注视点之间的距离（以汉字的个数表示）。

3　结果

在数据分析中，首先将每种条件下的前两个句子作为练习句剔除，不参与数据分析。然后根据以下标准（Rayner，Libersedge，White，2006；Bai，Yan，Liversedge，Zang，Rayner，2008）对数据进行删除：（1）追踪失败（实验中因被试头动等因素导致眼动仪记录数据丢失）；（2）注视时间小于 80 毫秒或大于 1200 毫秒的数据；（3）平均数位于 3 个标准差之外。实验中所有被试回答判断问题的正确率为 80%，说明被试在实验过程中，认真阅读了句子。总共剔除的无效数据占总数据的 7.01%。数据用 SPSS 软件进行统计处理。

3.1　四因素方差分析

为了考察年级、窗口、难度和阅读能力的主效应及其交互作用，采用四因素重复测量方差分析。

结果表明，在平均注视时间指标上，窗口、年级、难度和阅读能力的主效应显著，$F(5, 330) = 292.13$，$p < 0.001$；$F(2, 66) = 2.50$，$p < 0.05$；$F(1, 66) = 40.83$，$p < 0.001$；$F(1, 66) = 8.38$，$p < 0.01$。窗口和年级的交互作用显著，$F(10, 330) = 4.25$，$p < 0.001$。窗口和阅读能力的交互作用显著，$F(5, 330) = 2.84$，$p < 0.05$。年级和阅读能力的交互作用显著，$F(2, 66) = 3.67$，$p < 0.05$。其他交互作用均不显著，$p > 0.05$。

在阅读速度指标上，窗口、年级、难度的主效应显著，$F(5, 330) = 106.19$，$p < 0.001$；$F(2, 66) = 16.43$，$p < 0.001$；$F(1, 66) = 37.08$，$p < 0.001$。窗口和年级的交互作用显著，$F(10, 330) = 6.03$，$p < 0.001$。窗口和阅读能力的交互作用显著，$F(5, 330) = 1.90$，$p < 0.05$。窗口和难度的交互作用显著，$F(5, 330) = 8.81$，$p < 0.001$。阅读能力的主效应及其他交互作用

均不显著，$p > 0.05$。

在向右眼跳幅度指标上，窗口、年级、难度的主效应显著，$F(5, 330) = 144.52$，$p < 0.001$；$F(2, 66) = 7.21$，$p < 0.001$；$F(1, 66) = 35.70$，$p < 0.001$。窗口和年级的交互作用显著，$F(10, 330) = 6.16$，$p < 0.001$。窗口和阅读能力的交互作用显著，$F(5, 330) = 2.54$，$p < 0.05$。窗口和难度的交互作用显著，$F(5, 330) = 2.42$，$p < 0.05$。年级和阅读能力的交互作用显著，$F(2, 66) = 2.97$，$p < 0.05$。难度、窗口和阅读能力的交互作用显著，$F(5, 330) = 3.96$，$p < 0.05$。阅读能力的主效应及其他交互作用均不显著，$p > 0.05$。

3.2　年级与窗口的交互作用分析

方差分析的结果表明，在三个眼动指标上，年级、窗口的主效应及二者的交互作用显著，这表明不同年级的被试在不同窗口条件下眼动指标是有差异的，需要进行简单效应的检验，即在每个年级内部，要分别进行窗口的两两比较。由移动窗口范式计算知觉广度的方法可知，研究者通过变化窗口的大小来控制读者每次注视可获得的信息范围，当窗口大到能使读者获取有用的信息范围时，阅读的各项眼动指标与正常阅读（即整行条件）时没有差异，即可确定知觉广度的大小。综合简单效应及知觉广度的计算方法可知，不需要将全部的窗口条件两两比较，仅需要将不同窗口条件同整行条件对比，即可以确定不同年级被试的知觉广度。

3.2.1　三年级被试的阅读知觉广度

三年级被试在阅读速度、平均注视时间、向右眼跳幅度三个指标上的平均值见表 6-3。

表 6-3　三年级被试各眼动指标的平均值与标准差

窗口	平均注视时间（毫秒）	阅读速度（字 / 分）	向右眼跳幅度（字数）
R0	361（44）	88（22）	1.57（0.42）
L1R1	275（40）	140（57）	1.72（0.39）

（续表）

窗口	平均注视时间（毫秒）	阅读速度（字 / 分）	向右眼跳幅度（字数）
L2R2	267（40）	159（78）	2.21（0.44）
L3R3	273（40）	166（69）	2.23（0.54）
L4R4	273（41）	170（71）	2.26（0.52）
整行	275（41）	163（58）	2.36（0.55）

注：括号内为标准差，以下同。

为确定三年级被试知觉广度的范围，分别将 R0、L1R1、L2R2、L3R3、L4R4 五个窗口条件与整行进行比较。结果表明，R0 与整行比较，在各指标上均差异显著：平均注视时间 $t(23) = 12.96$，$p < 0.001$；阅读速度 $t(23) = -6.61$，$p < 0.001$；向右眼跳幅度 $t(23) = -6.61$，$p < 0.001$。L1R1 与整行比较，在阅读速度和向右眼跳幅度上差异显著：阅读速度 $t(23) = -2.17$，$p < 0.05$；眼跳幅度 $t(23) = -8.25$，$p < 0.001$；在平均注视时间上差异不显著，$t(23) = -0.04$，$p > 0.05$。L2R2、L3R3、L4R4 与整行的比较在各指标上均不显著，$p > 0.05$。综合三个指标的结果，可以发现，三年级被试知觉广度的右侧范围为 1—2 个汉字。

3.2.2　五年级被试的阅读知觉广度

五年级被试在阅读速度、平均注视时间、向右眼跳幅度三个指标上的平均值见表 6–4。

表 6–4　　五年级被试各眼动指标的平均值与标准差

窗口	平均注视时间（毫秒）	阅读速度（字 / 分）	向右眼跳幅度（字数）
R0	362（44）	117（44）	1.82（0.60）
L1R1	273（36）	202（76）	1.88（0.39）
L2R2	249（26）	272（100）	2.47（0.55）
L3R3	252（26）	282（110）	2.90（0.53）
L4R4	250（26）	303（133）	2.96（0.60）
整行	253（27）	272（116）	3.01（0.59）

为确定五年级被试知觉广度的范围，分别将 R0、L1R1、L2R2、L3R3、L4R4 五个窗口条件与整行进行比较。结果表明，R0 与整行比较，在各指标上均差异显著：平均注视时间 $t(23) = 12.67$，$p < 0.001$；阅读速度 $t(23) = -6.82$，$p < 0.001$；向右眼跳幅度 $t(23) = -10.37$，$p < 0.001$。L1R1 与整行比较，在各指标上均差异显著：平均注视时间 $t(23) = 3.60$，$p < 0.01$；阅读速度 $t(23) = -4.84$，$p < 0.001$；向右眼跳幅度 $t(23) = -10.48$，$p < 0.001$。L2R2 与整行比较，在向右眼跳幅度上差异显著：$t(23) = -5.69$，$p < 0.001$；在平均注视时间和阅读速度上差异不显著，平均注视时间 $t(23) = -0.97$，$p > 0.05$ 阅读速度 $t(23) = -0.03$，$p > 0.05$。L3R3、L4R4 与整行的比较在各指标上均不显著，$p > 0.05$。综合三个指标的结果，可以发现，五年级被试知觉广度的右侧范围为 2—3 个汉字。

3.2.3　大学生被试的阅读知觉广度

大学生被试在阅读速度、平均注视时间、向右眼跳幅度三个指标上的平均值见表 6–5。

表 6–5　　大学生被试各眼动指标的平均值与标准差

窗口	平均注视时间（毫秒）	阅读速度（字 / 分）	向右眼跳幅度（字数）
R0	336（32）	124（39）	1.61（0.28）
L1R1	275（31）	232（67）	2.09（0.43）
L2R2	258（29）	272（80）	2.36（0.42）
L3R3	254（27）	296（90）	2.57（0.46）
L4R4	250（29）	301（105）	2.65（0.55）
整行	253（28）	304（89）	2.60（0.60）

为确定大学生被试知觉广度的范围，分别将 R0、L1R1、L2R2、L3R3、L4R4 五个窗口条件与整行进行比较。结果表明，R0 与整行比较，在各指标上均差异显著：平均注视时间 $t(23) = 13.48$，$p < 0.001$；阅读速度 $t(23) = -11.64$，$p < 0.001$；向右眼跳幅度 $t(23) = -9.43$，$p < 0.001$。L1R1 与整行比较，在各指标上均差异显著：平均注视时间 $t(23) = 7.03$，$p < 0.01$；阅读速度 $t(23) = -7.56$，$p < 0.001$；向右眼跳幅度 $t(23) = -5.52$，$p < 0.001$。L2R2 与整

行比较，在阅读速度和向右眼跳幅度上差异显著：阅读速度 $t(23) = -4.05$，$p < 0.001$；向右眼跳幅度 $t(23) = -3.58$，$p < 0.01$；在平均注视时间上差异不显著，$t(23) = 1.81$，$p > 0.05$。L3R3、L4R4 与整行的比较在各指标上均不显著，$p > 0.05$。综合三个指标的结果，可以发现，大学生被试知觉广度的右侧范围为 2—3 个汉字。

3.3　材料难度与窗口的交互作用

方差分析的结果表明，在三个眼动指标上，难度、窗口的主效应显著，在阅读速度和向右眼跳幅度两个指标上交互作用显著，这表明不同难度材料在不同窗口条件下眼动指标是有差异的，即不同难度材料的阅读知觉广度是不同的。

3.3.1　难材料的阅读知觉广度

所有被试在阅读难材料时阅读速度、平均注视时间、向右眼跳幅度三个指标上的平均值见表 6–6。

表 6–6　　难材料各眼动指标的平均值与标准差

窗口	平均注视时间（毫秒）	阅读速度（字 / 分）	向右眼跳幅度（字数）
R0	359（46）	98（39）	1.58（0.43）
L1R1	278（38）	170（72）	1.83（0.46）
L2R2	265（34）	201（96）	2.23（0.55）
L3R3	268（34）	209（105）	2.42（0.63）
L4R4	265（38）	225（127）	2.48（0.70）
整行	265（33）	206（98）	2.48（0.67）

为确定难材料知觉广度的范围，分别将 R0、L1R1、L2R2、L3R3、L4R4 五个窗口条件与整行进行比较。结果表明，R0 与整行比较，在各指标上均差异显著：平均注视时间 $t(71) = 19.40$，$p < 0.001$；阅读速度 $t(71) = -9.76$，$p < 0.001$；向右眼跳幅度 $t(71) = -11.43$，$p < 0.001$。L1R1 与整行比较，在各指标上均差异显著：平均注视时间 $t(71) = 4.51$，$p < 0.001$；阅读速度 $t(71) = -4.88$，$p < 0.001$；向右眼跳幅度 $t(71) = -8.90$，$p < 0.001$。L2R2 与整

行比较，在向右眼跳幅度上差异显著，$t(71) = -3.84$，$p < 0.001$；在平均注视时间和阅读速度上差异不显著，平均注视时间 $t(71) = -0.09$，$p < 0.05$；阅读速度 $t(71) = -0.60$，$p > 0.05$。L3R3、L4R4 与整行的比较在各指标上均不显著，$p > 0.05$。综合三个指标的结果，可以发现，难材料知觉广度的右侧范围为 2—3 个汉字。

3.3.2 易材料的阅读知觉广度

所有被试在阅读易材料时阅读速度、平均注视时间、向右眼跳幅度三个指标上的平均值见表 6–7。

表 6–7　　易材料各眼动指标的平均值与标准差

窗口	平均注视时间（毫秒）	阅读速度（字 / 分）	向右眼跳幅度（字数）
R0	347（47）	121（ 53）	1.75（0.61）
L1R1	270（42）	213（101）	1.96（0.49）
L2R2	251（36）	268（127）	2.46（0.54）
L3R3	251（36）	288（142）	2.70（0.64）
L4R4	251（35）	290（143）	2.77（0.67）
整行	255（38）	287（140）	2.84（0.76）

为确定易材料知觉广度的范围，分别将 R0、L1R1、L2R2、L3R3、L4R4 五个窗口条件与整行进行比较。结果表明，R0 与整行比较，在各指标上均差异显著：平均注视时间 $t(71) = 16.17$，$p < 0.001$；阅读速度 $t(71) = -11.79$，$p < 0.001$；向右眼跳幅度 $t(71) = -12.55$，$p < 0.001$。L1R1 与整行比较，在各指标上均差异显著：平均注视时间 $t(71) = 3.73$，$p < 0.001$；阅读速度 $t(71) = -7.64$，$p < 0.001$；向右眼跳幅度 $t(71) = -11.55$，$p < 0.001$。L2R2 与整行比较，在阅读速度和向右眼跳幅度上差异显著：阅读速度 $t(71) = -0.29$，$p < 0.05$；向右眼跳幅度 $t(71) = -5.34$，$p < 0.001$。在平均注视时间上差异不显著，$t(71) = -1.31$，$p < 0.05$。L3R3 与整行比较，在向右眼跳幅度上差异显著，$t(71) = -2.45$，$p < 0.05$。在平均注视时间和阅读速度上差异不显著：平均注视时间 $t(71) = -1.36$，$p > 0.05$；阅读速度 $t(71)$

$= 0.07$，$p > 0.05$。L4R4 与整行的比较在各指标上均不显著，$p > 0.05$。综合三个指标的结果，可以发现，易材料知觉广度的右侧范围为 2—4 个汉字。

由于材料难度、窗口和年级三个因素的交互作用不显著，可以得出难材料的知觉广度小于易材料的知觉广度，并且不受年级的影响。

3.4 阅读能力与窗口的交互作用分析

方差分析的结果表明，在三个眼动指标上，窗口的主效应以及窗口和阅读能力的交互作用显著，这表明不同阅读能力被试在不同窗口条件下眼动指标是有差异的，即不同阅读能力被试的阅读知觉广度是不同的。

3.4.1 高阅读能力被试的阅读知觉广度

高阅读能力被试在阅读速度、平均注视时间、向右眼跳幅度三个指标上的平均值见表 6–8。

表 6–8 高阅读能力被试各眼动指标的平均值与标准差

窗口	平均注视时间（毫秒）	阅读速度（字 / 分）	向右眼跳幅度（字数）
R0	351（38）	109（43）	1.59（0.32）
L1R1	263（28）	196（78）	1.91（0.42）
L2R2	248（24）	241（97）	2.38（0.41）
L3R3	248（20）	261（110）	2.60（0.48）
L4R4	246（22）	279（139）	2.70（0.58）
整行	251（24）	251（102）	2.72（0.53）

为确定高阅读能力被试知觉广度的范围，分别将 R0、L1R1、L2R2、L3R3、L4R4 五个窗口条件与整行进行比较。结果表明，R0 与整行比较，在各指标上均差异显著：平均注视时间 $t(35) = 16.87$，$p < 0.001$；阅读速度 $t(35) = -9.44$，$p < 0.001$；向右眼跳幅度 $t(35) = -13.25$，$p < 0.001$。L1R1 与整行比较，在各指标上均差异显著：平均注视时间 $t(35) = 2.85$，$p < 0.01$；阅读速度 $t(35) = -4.96$，$p < 0.001$；向右眼跳幅度 $t(35) = -9.72$，$p < 0.001$。L2R2 与整行比较，在向右眼跳幅度上差异显著，$t(35) = -5.32$，$p < 0.001$；在平均注视时间和阅读速

度上差异不显著：平均注视时间 $t(35)=-1.02$，$p>0.05$；阅读速度 $t(35)=-0.29$，$p>0.05$。L3R3 与整行比较，在向右眼跳幅度上差异显著，$t(35)=-2.06$，$p<0.05$。在平均注视时间和阅读速度上差异不显著：平均注视时间 $t(35)=-1.08$，$p>0.05$；阅读速度 $t(35)=1.27$，$p>0.05$。L4R4 与整行的比较在各指标上均不显著，$p>0.05$。综合三个指标的结果，可以发现，高阅读能力被试的知觉广度的右侧范围为 2—4 个汉字。

3.4.2　低阅读能力被试的阅读知觉广度

低阅读能力被试在阅读速度、平均注视时间、向右眼跳幅度三个指标上的平均值以及配对比较见表 6–9。

表 6–9　　低阅读能力被试各眼动指标的平均值与标准差

窗口	平均注视时间（毫秒）	阅读速度（字 / 分）	向右眼跳幅度（字数）
R0	355（45）	110（36）	1.75（0.56）
L1R1	286（39）	187（76）	1.89（0.44）
L2R2	268（37）	228（106）	2.31（0.54）
L3R3	271（38）	235（105）	2.53（0.66）
L4R4	269（40）	237（101）	2.55（0.66）
整行	269（40）	242（115）	2.60（0.72）

为确定低阅读能力被试知觉广度的范围，分别将 R0、L1R1、L2R2、L3R3、L4R4 五个窗口条件与整行进行比较。结果表明，R0 与整行比较，在各指标上均差异显著：平均注视时间 $t(35)=13.85$，$p<0.001$；阅读速度 $t(35)=-7.94$，$p<0.001$；向右眼跳幅度 $t(35)=-8.51$，$p<0.001$。L1R1 与整行比较，在各指标上均差异显著：平均注视时间 $t(35)=4.24$，$p<0.001$；阅读速度 $t(35)=-5.91$，$p<0.001$；向右眼跳幅度 $t(35)=-7.74$，$p<0.001$。L2R2 与整行比较，在向右眼跳幅度上差异显著，$t(35)=-3.66$，$p<0.001$；在平均注视时间和阅读速度上差异不显著：平均注视时间 $t(35)=-0.31$，$p>0.05$；阅读速度 $t(35)=-1.75$，$p>0.05$。L3R3、L4R4 与整行的比较在各指标上均不显著，$p>0.05$。综合三个指标的结果，可以发现，低阅读能

力被试的知觉广度的右侧范围为 2—3 个汉字。

3.5　阅读能力、材料难度与窗口的交互作用分析

在平均注视时间和阅读速度两个指标上，不同阅读能力的被试知觉广度相同，只在向右眼跳幅度上存在差异。由总方差分析可知，在向右眼跳幅度这一指标上，难度、窗口和阅读能力的交互作用显著，$F(5, 330) = 3.96$，$p < 0.05$，因此将进一步分析不同技能被试在不同难度条件下的阅读知觉广度。

表 6–10　　不同技能被试在不同难度条件下的阅读知觉广度

		广度	R0	L1R1	L2R2	L3R3	L4R4	整行
高	难	3	1.56(0.40)	1.84(0.46)	2.27(0.44)	2.41(0.52)	2.52(0.65)	2.45(0.56)
	易	4	1.62(0.39)	1.97(0.44)	2.50(0.50)	2.79(0.56)	2.88(0.59)	3.00(0.68)
低	难	3	1.60(0.46)	1.82(0.47)	2.19(0.64)	2.44(0.74)	2.45(0.74)	2.51(0.77)
	易	3	1.89(0.75)	1.95(0.54)	2.43(0.58)	2.62(0.70)	2.65(0.72)	2.68(0.82)

由表 6–10 可知，随着窗口增大，向右眼跳幅度变大，阅读能力高的被试比阅读能力低的被试眼跳幅度大，阅读易材料时向右眼跳幅度大于阅读难材料的眼跳幅度。通过不同窗口与整行的比较，可以得出，阅读难材料时，所有被试的知觉广度均为右侧 3 个字，但阅读易材料时，阅读能力高的被试比阅读能力低的被试获得更广的信息范围。

4　讨论

4.1　眼动指标的总体分析

方差分析的结果显示，窗口在三个指标上的主效应非常显著，表明可视窗口的大小对阅读者的眼动活动有显著的观看限制效应。窗口越小，阅读活动受到的干扰越大，表现为平均注视时间明显增长，阅读速度变慢，向右眼跳幅度显著缩短。这表明如果掩蔽掉副中央凹的信息，正常阅读活动就会受到干扰，

说明副中央凹预视在阅读活动中起重要作用。随着可视窗口的增大，阅读者的平均注视时间减少，阅读速度加快，眼跳幅度增大。

方差分析的结果还显示，年级在三个指标上的主效应显著，具体表现为随着年龄的增长，平均注视时间变短，向右眼跳幅度变大，阅读速度变快，阅读效率更高。这一结果与以往研究的结果相似（Häikiö et al.，2009；闫国利等，2011）。材料难度在三个指标上的主效应极其显著，具体表现为阅读难材料时的平均注视时间更长、阅读速度更慢、向右眼跳幅度更小。这表明不同难度的材料可以影响读者的眼动模式。与易材料相比，阅读难材料时会导致认知加工负荷增大，从而导致阅读效率更低。在平均注视时间这一指标上，阅读能力的主效应显著，高技能读者的平均注视时间短于低技能读者。

在交互作用方面，研究发现，年级与窗口、材料难度与窗口、阅读技能与窗口之间均存在交互作用。进一步地简单效应分析表明，不同年级、不同难度和不同阅读技能的被试的知觉广度是不同的，其余各因素之间，除了难度、窗口和阅读能力在向右眼跳幅度上存在三因素交互作用外，均未发现显著的交互作用。这表明，总体而言，年级、材料难度、阅读能力均是影响知觉广度的因素，但相互之间的作用是独立的。

4.2　不同年级被试的知觉广度

本研究参考以往的文献（Inhoff et al.，1998；Rayner，1986；Häikiö et al.，2009；Rayner et al.，2009），选取了 6 种以汉字为呈现单位的窗口条件，并使用不同难度的阅读材料，探讨了不同年级被试的知觉广度大小。

对三年级被试知觉广度右侧范围的检验发现，平均注视时间支持 1 个汉字的空间，而阅读速度和向右眼跳幅度支持 2 个汉字的空间；对五年级被试而言，平均注视时间和阅读速度支持 2 个汉字的空间，向右眼跳幅度支持 3 个汉字的空间；大学生被试的平均注视时间支持 2 个汉字的空间，阅读速度和向右眼跳幅度支持 3 个汉字的空间。一般来讲，平均注视时间指标反映读者对汉字精细加工的广度，即在这个广度内，读者可以获得较为精细的信息，比如字义等信息，因此平均注视时间所反映的知觉广度范围较小。而眼跳幅度指标反映了对汉字进行较为粗略的加工广度，如读者计划眼跳时需要的信息（Rayner et al.，1986，2009；Häikiö et al.，2009），因此，眼跳幅度支持更大的知觉广度。阅读速度反映的内涵更加丰富，它与阅读时间是一个高相关的指标。Rayner 认为，阅读时间是移动窗口范式中信息量最丰富的一个指标。它既可以反映较为精细的加工，与平均注视时间支持的知觉广度一致（Rayner et al.，2009；Häikiö et al.，2009），也可以反映计划眼跳时进行的加工，与眼跳幅度一致（Häikiö et al.，2009），它所反映的知觉广度范围更为综合。

综合三个指标的结果，推测小学三年级被试知觉广度的右侧范围为 1—2 个字，相对于年龄大的被试，年龄小的被试不易受小窗口的影响。这表明三年级被试可能没有形成自动化的词识别，即使窗口很小，材料没有全部呈现也不会受到很大影响；小学五年级被试接近成人的知觉广度，右侧范围为 2—3 个汉字，但阅读效率等仍有发展空间。成人汉字知觉广度右侧范围 2—3 个字的结果与大多数的研究结果是一致的（Inhoff et al.，1998；闫国利等，2011）。对于知觉广度发展的趋势，也与 Rayner（1986）和 Häikiö 等人（2009）的研究结果相似。Rayner（1986）采用移动窗口技术探讨了不同年龄群体的词长广度与字母特征广度。在实验中，Rayner 发现经过一年阅读指导的被试词长广度表现出右侧优势的不对称性，对二年级被试来说，词长广度为注视点左侧 3—4 个字母右侧 11 个字母，四年级被试与二年级相同，六年级与成人右侧为 14 个。尽管词长广度到六年级不再发展，但阅读技能仍可继续提高，表现在较少的注视、较少的回视、较长或较少的眼跳（Rayner，1998）。

综合以往的研究结果，可以发现，阅读知觉广度在小学高年级阶段即可达到成人水平，但阅读效率仍有较大的提高空间。

4.3 不同难度材料对知觉广度的影响

由于难度材料与窗口大小之间存在交互作用，可知难度对知觉广度是有影响的。进一步分析发现，随着材料难度增大，平均注视时间相应变长，阅读速度变慢，向右眼跳幅度变小。对被试阅读难材料时的知觉广度右侧范围检验发现，平均注视时间和阅读速度支持 2 个汉字的空间，向右眼跳幅度支持 3 个汉字的空间；对易材料的广度范围检验发现，平均注视时间支持 2 个汉字的空间，阅读速度支持 3 个汉字的空间，向右眼跳幅度支持 4 个汉字的空间。综合三个指标的结果，推测被试阅读难材料时知觉广度的右侧范围为 2—3 个汉字，阅读易材料时知觉广度的右侧范围为 2—4 个汉字。

根据 Rayner（1986）和 Henderson 等（1990）对英文材料的研究，中央凹处材料的加工难度影响阅读者的知觉广度，材料的加工难度增大时阅读者的有效视觉范围会明显缩小。中文研究结果与英语材料一致，以阅读速度和向右眼跳幅度为指标，阅读易材料时不仅阅读效率更高，知觉广度范围也增大。

4.4 不同阅读能力被试的知觉广度

以阅读理解成绩为指标，将各年级被试分成高分组和低分组。对不同阅读能力的被试的眼动指标比较发现，高阅读能力组比低阅读能力组需要更少的注视时间，向右眼跳幅度也更大。

对高阅读能力被试知觉广度右侧范围的检验发现，平均注视时间和阅读速度支持 2 个汉字的空间，而向右眼跳幅度支持 4 个汉字的空间；对低阅读能力而言，平均注视时间和阅读速度支持 2 个汉字的空间，向右眼跳幅度支持 3 个汉字的空间。综合三个指标的结果，推测高阅读能力被试知觉广度的右侧范围为 2—4 个字，低阅读能力被试知觉广度的右侧范围为 2—3 个汉字。

高阅读能力的阅读知觉广度更大。进一步的研究发现，难度与阅读能力存在交互作用，即阅读易材料时，阅读能力高的被试比阅读能力低的被试有更大的向右眼跳幅度，从而可获得更广的信息范围。这一结果与以往研究一致（Rayner，1986；Rayner，Slattery，Bélanger，2010；Häikiö，et al.，2009），阅读中一次注视所能获取的信息量是与阅读技能的发展有关的。Rayner（1986）发现，阅读技能提高时，单次注视所获取的信息量也随之提高。并且，阅读技能越高，获取的注视点右侧单词的长度和字母个数信息也越多。

由上述结果可知，接受阅读指导的时间不能预测阅读知觉广度，知觉广度的差异不仅体现在不同年龄段，也表现在同一年龄段内部。一种解释就是慢的阅读者对于中央凹处的注视词投入了更多的加工资源，注意不能有效地转移到副中央凹，不像快速阅读者那样可以容易加工中央凹词并且速度很快，这就导致了慢速阅读者有较慢的速度和较小的字母识别广度。这一解释同 Henderson 和 Ferreira 的中央凹负荷假说一致（Henderson，Ferreira，1990；Kennison，Clifton，1995；White，Rayner，Liversedge，2005b），认为当中央凹负荷增加时，对副中央凹信息加工的资源就会减少。

需要说明的是，在本次实验中，不同阅读能力的被试在平均注视时间和向右眼跳幅度上存在显著差异，但是在阅读速度上的差别未达到显著性水平。一个原因是本实验中阅读速度慢的被试并不是最差的被试，小学生中存在阅读障碍的被试并未参与实验。并且，因为成人被试为大学生，大学生中阅读速度慢的也可能是相对较快的被试，这就意味着，真正阅读快与慢的差异会比实验所得结果更大。第二个原因是阅读能力高的被试回答问题正确率的平均值为 82.9%，阅读能力低的被试回答问题正确率的平均值为 76.0%，$t(70)=2.44$，$p<0.05$。这说明，因为存在速度与准确性的权衡，虽然两组被试在阅读速度上没有差异，但阅读能力高的被试回答问题的正确率高于阅读能力低的被试。

5　结论

在本实验条件下，得出如下结论：

（1）总体而言，年级、材料难度、阅读能力均各自独立地影响知觉广度。

（2）小学三年级被试知觉广度的右侧范围为 1—2 个字；小学五年级被试接近成人大学生的知觉广度，右侧范围为 2—3 个汉字。

（3）难度对知觉广度有影响，被试阅读难材料的知觉广度为 2—3 个汉字，易材料为 2—4 个汉字。

（4）高阅读能力被试的知觉广度大于低阅读能力被试，阅读容易材料时比低阅读能力被试有更大的向右眼跳幅度。

实验3　小学生阅读知觉广度影响因素的回归分析

1　前言

知觉广度指读者在阅读过程中每次注视所能获取有用信息的范围（McConkie，Rayner，1975；Rayner，Pollatsek，1989；Shen，Bai，Yan，Liversedge，2008；闫国利，巫金根，臧传丽，白学军，2010）。测量知觉广度最常用的技术就是"呈现随眼动变化技术"（gaze-contingent moving-window technique）（McConkie，Rayner，1975），读者眼睛每次移动，在其注视点周围将呈现一个正常的文本区域,形成一个"窗口",窗口外的文本由"X"或其他随机字母代替。研究者通过变化窗口的大小来控制读者每次注视可获得的信息范围，当窗口大到能使读者获取有用的信息范围时，阅读的各项眼动指标与正常阅读时没有差异，即可确定知觉广度的大小。

研究者采用移动窗口技术发现拼音文字尤其是英语国家的成年读者的知觉广度范围是不对称的，大约为注视点左侧3—4个字母，右侧14—15个字母（McConkie，Rayner，1976；Rayner，Bertera，1979；Rayner，Well，Pollatsek，1980； Rayner，1998，2009）。同样，Inhoff和Liu（1998）也采用移动窗口技术探讨了中文句子阅读的知觉广度。实验结果表明，中文阅读的知觉广度是不对称的，分别为注视点左侧1个字，右侧3个字（类似结果见Chen，Tang，1998；Gray， 1956；Sun，Feng，1999）。

阅读者的知觉广度不是固定不变的，会随年龄的增长而改变。Rayner（1986）对英语阅读知觉广度的发展性研究发现，在相同的控制条件下，小学二年级和四年级学生的知觉广度大约为注视点右侧 11 个字符空间，六年级被试约为注视点右侧 14 个字符空间，熟练阅读者（大学生）的阅读知觉广度为注视点右侧 14—15 个字符空间，初学阅读者的知觉广度同熟练阅读者一样，都是不对称的。对芬兰语研究表明，8 岁的芬兰儿童字母识别广度大概为注视点右侧 5 个字母，10 岁的儿童大概是 7 个字母，而 12 岁和成人读者则为 9 个字母。在不同年龄组里面，阅读速度快（faster reader）的读者比慢的读者（slow reader）的字母识别广度更大，表明阅读快的读者不像阅读慢的阅读者那样，更多地将加工资源集中在中央窝注视词（Häikiö，Bertram，Hyönä，Niemi.，2009）。

汉语在单位空间内包含的信息更多，并且不像英语那样有明显的词边界，因此，研究表明，汉语的知觉广度要小于英语的广度。那么中国儿童的知觉广度的发展水平趋势是否同英语国家儿童一致？综合已有的研究可以发现（熊建萍，闫国利，白学军，2007；闫国利，熊建萍，白学军，2008；闫国利，王丽红，巫金根，白学军，2011），中文阅读知觉广度的研究多以大学生为被试，多集中于探讨某单一因素对阅读知觉广度的影响，发展的相关研究也仅考察了从小学五年级学生到大学生的变化。从英语研究的结果中可以看出，小学高年级儿童的知觉广度即可达到成人水平。所以，如果要全面而系统地反映中国儿童的知觉广度发展，在被试的选择上应该增加低于五年级的被试，同时还要考虑到被试的词汇量水平以及参加眼动实验的耐力要求，所以，本实验选择了三年级作为眼动实验的最低年级，与五年级学生和大学生被试分别进行对比，考察阅读知觉广度的发展趋势。

将不同年龄段的被试进行对比，选择何种材料是个问题。一种情况是所有被试均使用同一种材料，以方便组间的比较，另一种方法是选择不同材料（与年龄相匹配）使材料符合不同年龄段阅读水平。在 Rayner 的实验中，让小学四年级学生和大学生阅读两种句子，其中一种符合小学生阅读水平的句子，另一种是适合大学生阅读的句子。发现句子难度影响知觉广度大小。当句子难度较大时，读者需要更多的注意加工落在中央窝区域的单词，使其阅读知觉广度变小（Rayner，1986）。闫国利、伏干和白学军（2008）考察了大学生阅读难易中文句子的阅读知觉广度，发现阅读容易材料时的阅读知觉广度为 5 个字，而难材料是 3—5 个字。这些研究都有力地说明材料难度对阅读知觉广度有重要的影响。本研究将结合这两种方法，让所有被试均阅读适合二年级的容易材料和适合大学生的难材料，这样可以在同样材料的基础上比较不同年龄段的差异，也可以比较不同年龄在阅读适合他们年龄材料时的差异，以此检验知觉广度是否受材料难度影响。

不仅不同年龄段存在阅读技能的差异，而且同一年龄段也存在。在本研究中，将采用阅读理解测试区分同一年龄段的被试，进一步考察同一年龄段内不同阅读技能被试的知觉广度的差异。

工作记忆也对阅读知觉广度有重要作用（Just，Carpenter，1992）。Kennison 和 Clifton（1995）考察了工作记忆容量是否会影响副中央窝预视效应。结果表明，虽然读者的工作记忆并没有显著地影响副中央窝预视效应，然而实验发现阅读知觉广度小的读者与阅读知觉广度大的读者相比较，他们在预视词和目标词上，需要更多的阅读时间和凝视时间，阅读更困难。Osaka 和 Osaka（2002）考察了不同工作记忆的读者阅读日文的阅读知觉广度。结果表明，与低工作记忆容量的读者相比较，高工作记忆容量的读者在窗口小于阅读知觉广度条件下阅读时间更短，注视时间更少，理解率更高。关善玲和闫国利（2007）考察了不同工作记忆容量读者在不同移动窗口大小下的阅读情况，结果表明，与低工作记忆容量读者相比，高工作记忆容量读者能够更好地整合文章信息，进行更有效的阅读。

综上所述，阅读知觉广度的发展并不是受某单一因素影响，而是多种因素在起作用，如被试的年龄、阅读能力、材料的难度等，但现有的研究多集中于探讨某单一因素对阅读知觉广度的影响，统计方法也仅限于平均数的差异性检验。张巧明、王爱云、闫国利（2013）采用移动窗口技术，以 101 名大学生为被试，探讨了大学生的阅读知觉广度，同时使用多元回归方法考察了材料难度、阅读理解能力与工作记忆容量对眼动指标的影响，结果表明，材料难度、工作记忆和阅读理解对大学生被试的眼动指标有显著的预测作用。

本研究在探讨阅读知觉方度发展的基础上，试图综合考虑各种影响因素（年龄、阅读能力、材料难度和工作记忆容量），采用多元回归的方法（Chen，Song，Lau，Wong，Tang，2003），探讨其在阅读眼动中所发挥的作用，从而揭示阅读的内在机制，为中文阅读的相关研究提供理论依据。

2　方法

2.1　被试

从天津市两所小学选取三年级学生和五年级学生为被试。其中三年级学生70人，男38人，女32人，8—10岁，平均年龄8.99岁；五年级学生68人，男33人，女35人，10—12岁，平均年龄10.93岁。所有被试的裸视或矫正视力正常，实验结束后都会获得一份礼物。

2.2　材料

2.2.1　阅读能力材料

被试的阅读理解能力测试采用Leong（2008）等人编制的阅读理解测验，包含8篇短文，其中4篇记叙文、3篇说明文和1首古诗。每篇有3道开放的推理问题，每题3分，总分为72分。评分标准是0、1、2、3四个等级，得分越高表明阅读能力越强。

除此之外，还参考了王敬欣等人（王敬欣，杨洪艳，田静，2010）的研究，对小学生进行了识字量测验（《小学生标准识字量测查》）、拼音测试、正字法测试和快速命名测试（RAN），以求更全面地反映小学生的阅读能力。

2.2.2　工作记忆材料

参考Daneman和Carpenter（1980）的阅读广度测试方法，采用Leong（2008）等人的测试题目来测量语言理解的工作记忆容量。具体步骤是，主试依次读出一组没有关联的短句子，接下来说“问题”，并提出一个有关其中某句子的问题，要求被试将问题的答案写在纸上，然后主试说“词语”，被试再将每句最后的一个词（不是单字）写在纸上。整个测试包括 13 组句子，每组包含的测试句的数目从 2 到 5 逐步递增。被试每回答对一个问题计 1 分，正确回忆一个词语计 1 分，最高分为 60 分（包含 13 个问题和 47 个词语）。

2.2.3　眼动实验材料

句子编写：编写陈述句 223 句，句子长度控制在 17 到 20 个字之间，以单字词和双字词为主，无模糊句法与歧义，句中无标点符号。易材料主要来自小学三年级的课外读物或小学生作文，简单易懂。难材料主要来自生物、化学、物理、地理、医药、天文、考古、医药、建筑等专业领域的科普读物，尽量保证无生僻字，但被试理解起来会有一定的难度。

句子难度评定：分别选择小学三年级学生（54 人）、五年级学生（50 人）与大学生（46 人）（这些学生不参加后来的正式实验）和三、五年级语文老师各 4 人对句子的难度进行 5 点量表评定，分值越高代表句子难度越大，并用线画出不认识的生字或词。目的在于选出不认识的字以及不懂的句子，以做修改或删除。

正式测试句子：正式测试句子 120 个，其中易材料句子长度在 17 到 20 个字之间，平均句长 17.87 个字，难度为 1.35。难材料句子长度在 17 到 20 个字

中秋节是我们中华民族的传统节日……整行条件
*
※※※※※※中※※※※※※※※※……R0 条件
*
※※※※※们中华 ※※※※※※※※……L1R1 条件
*
※※※※我们中华民 ※※※※※※※……L2R2 条件
*
※※※是我们中华民族 ※※※※※※……L3R3 条件
*
※※节是我们中华民族的 ※※※※※……L4R4 条件
*

图 6-3　六种可视窗口示意图

注：“*”代表注视点的位置，“※”代表掩蔽材料，没有被※掩盖的文字为窗口内可见汉字，右侧一列表示相应的窗口条件。L代表左侧窗口，R代表右侧窗口，数字代表除注视字外可见字数，如L2R2代表注视字左侧2个字、右侧2个字的窗口大小，其余类推。

之间，平均句长19.03个字，难度为3.48。

句子呈现方式：参考以往的研究（关善玲，闫国利，2007；闫国利，伏干，白学军，2008；伏干，闫国利，2008），本研究采用移动窗口范式来测量阅读知觉广度，使用“※”符号进行掩蔽（闫国利，巫金根，胡晏雯，白学军，2010）。移动窗口范式示意图见图6–3。

2.3　仪器

实验采用Eyelink2000型眼动记录仪，采样频率为1000赫兹，空间分辨率为0.01度，呈现变化的延迟时间为6—12毫秒。被试机屏幕刷新频率为150赫兹，分辨率为1024×768像素。被试眼睛与屏幕之间的距离为62.6厘米，刺激以宋体形式呈现，每个汉字在屏幕上的大小为28×28像素，每个汉字成0.9度视角。

2.4　施测程序

2.4.1　阅读能力和工作记忆的测试

以班级为单位集体施测，由研究生担任主试，统一指导语，测试时间大约为140分钟。

2.4.2 眼动实验

（1）每个被试进入实验室后先熟悉环境，之后进行眼校准，以确保仪器准确记录被试的眼动轨迹。实验采用三点定标。（2）向被试呈现指导语：“下面将给你呈现一些句子，每次只呈现一句，请认真阅读并理解它们的含义。有些句子后面可能会有问题出现，如果出现，请口头回答。每次句子呈现之前，屏幕上都会出现一个黑点，请注视这个黑点，并按手柄键翻页，句子读完后仍按手柄键翻页。”（3）被试理解指导语后，进行练习。（4）开始正式实验。在实验中，每次句子呈现之前屏幕左侧都会出现一个黑点，黑点的位置与句子首字的位置重合。要求被试每次注视黑点的同时按手柄健，继续下一句的阅读。在实验中设置了一些判断句，目的是保证被试认真阅读并理解每个句子。实验中判断句的比例占总句子的25%，判断句是随机呈现的，以防止被试产生预期。

为了平衡实验材料、窗口呈现顺序的误差，实验分为两个阶段进行，分别为难材料与易材料，每个年级的一半被试先难后易，另一半被试先易后难。同时为了平衡实验材料、窗口呈现掩蔽顺序的误差，将60句实验材料分成6组，每组有10个句子，全部实验句子呈现顺序保持不变，采用轮组设计安排6种窗口条件的呈现顺序，使每种窗口条件在每组句子中都得到应用，产生6种不同的观看顺序。在正式实验前，被试阅读6个练习句以熟悉实验程序。每个被试完成整个实验过程大约需要40分钟。

2.5 分析指标

结合以往的文献（Häikiö et al.，2009；Rayner et al.，2009），选取平均注视时间、阅读速度和向右眼跳幅度作为分析指标。平均注视时间是整个句子的所有注视点的平均时间。阅读速度指的是阅读者在单位时间内阅读的字数，用句子的总字数除以总阅读时间。向右眼跳幅度指两个注视点之间的距离（以汉字的个数表示）。眼跳的作用是为了改变注视点，使新的刺激置于中央凹视觉区，以便看清楚。眼跳幅度的大小在一定程度上可以反映计划下一次眼跳位置的情况。

3 结果

在数据分析中，首先将每种条件下的前两个句子作为练习句剔除，不参与数据分析。然后根据以下标准（Rayner，Libersedge，White，2006；Bai，Yan，Liversedge，Zang，Rayner，2008）对数据进行删除：（1）追踪失败（实验中因被试头动等因素导致眼动仪记录数据丢失）；（2）注视时间小于 80 毫秒或大于 1200 毫秒的数据；（3）平均数位于三个标准差之外。实验中所有被试回答判断问题的正确率为 80%，说明被试在实验过程中，认真阅读了句子。总共剔除无效数据占总数据的 7.01%。数据用 SPSS 软件进行统计处理。

3.1 不同年级被试眼动指标的差异

不同年级被试的平均注视时间、阅读速度以及向右眼跳幅度的平均数与标准差见表 6-11。

表 6-11 不同年级被试的眼动指标

	平均注视时间（毫秒）	阅读速度（字 / 分）	向右眼跳幅度（字数）
三年级	284（54）	176（90）	2.18（0.77）
五年级	272（54）	220（122）	2.44（0.86）
F	62.93^{***}	86.33^{***}	29.05^{***}

注：括号内为标准差，$^{*}p < 0.05$，$^{**}p < 0.01$，$^{***}p < 0.001$，以下同。

由表 6-11 可知，不同年级的被试在三个眼动指标上的差异均达到了显著水平。进一步事后检验发现，任两个年级的眼动指标均存在显著差异，随着年龄的增大，平均注视时间越来越短，阅读速度越来越快。在向右眼跳幅度上，五年级被试的眼跳幅度大于其他两个年级，并且差异显著。

3.2 不同年级被试的阅读知觉广度

由移动窗口范式计算知觉广度的方法可知，研究者通过变化窗口的大小来控制读者每次注视可获得的信息范围，当窗口大到能使读者获取有用的信息范围时，阅读的各项眼动指标与正常阅读（即整行条件）时没有差异，即可确定知觉广度的大小。

3.2.1 三年级被试的阅读知觉广度

三年级被试在阅读速度、平均注视时间、向右眼跳幅度三个指标上的平均值以及配对比较见表 6-12 和表 6-13。

表 6-12　　三年级被试各眼动指标的平均值与标准差

窗口	平均注视时间（毫秒）	阅读速度（字/分）	向右眼跳幅度（字数）
R0	354（46）	101（47）	1.67（0.55）
L1R1	272（38）	165（60）	1.82（0.47）
L2R2	268（40）	194（77）	2.32（0.60）
L3R3	268（39）	199（74）	2.42（0.63）
L4R4	271（38）	204（78）	2.44（0.71）
整行	268（39）	193（70）	2.36（0.77）

表 6-13　　三年级被试在各眼动指标上的配对比较结果（表内数据为 t 值）

窗口	平均注视时间（毫秒）	阅读速度（字/分）	向右眼跳幅度（字数）
R0—整行	18.10***	−12.88***	−8.20***
L1R1—整行	1.72	−4.48***	−8.45***
L2R2—整行	−0.30	−0.08	−0.68
L3R3—整行	−0.38	0.96	1.34
L4R4—整行	1.22	1.84	1.74

为确定三年级被试知觉广度的范围，分别将 R0、L1R1、L2R2、L3R3、L4R4 五个窗口条件与整行进行比较。结果表明，R0 与整行比较，在各指标上均差异显著：平均注视时间 $t(69) = 18.10$，$p < 0.001$；阅读速度 $t(69) = -12.88$，$p < 0.001$；向右眼跳幅度 $t(69) = -8.20$，$p < 0.001$。L1R1 与整行比较，在阅读速度和向右眼跳幅度上差异显著：阅读速度 $t(69) = -4.48$，$p < 0.001$；眼跳幅度 $t(69) = -8.45$，$p < 0.001$；在平均注视时间上差异不显著，$t(69) = 1.72$，$p > 0.05$。L2R2、L3R3、L4R4 与整行的比较在各指标上均不显著，$p > 0.05$。综合三个指标的结果，可以发现，三年级被试知觉广度的右侧范围为 1—2 个汉字。

3.2.2　五年级被试的阅读知觉广度

五年级被试在阅读速度、平均注视时间、向右眼跳幅度三个指标上的平均值以及配对比较见表 6-14 和表 6-15。

表 6-14 五年级被试各眼动指标的平均值与标准差

窗口	平均注视时间（毫秒）	阅读速度（字/分）	向右眼跳幅度（字数）
R0	362（44）	117（44）	1.82（0.60）
L1R1	273（36）	202（76）	1.88（0.39）
L2R2	249（26）	272（100）	2.47（0.55）
L3R3	252（26）	282（110）	2.90（0.53）
L4R4	250（26）	303（133）	2.96（0.60）
整行	253（27）	272（116）	3.01（0.59）

表 6-15 五年级被试在各眼动指标上的配对比较结果（表内数据为 t 值）

窗口	平均注视时间（毫秒）	阅读速度（字/分）	向右眼跳幅度（字数）
R0—整行	21.29^{***}	-12.87^{***}	-9.85^{***}
L1R1—整行	7.15^{***}	-7.12^{***}	-12.27^{***}
L2R2—整行	0.81	-1.94	-5.88^{***}
L3R3—整行	0.68	0.24	0.12
L4R4—整行	-0.62	1.46	0.14

为确定五年级被试知觉广度的范围，分别将 R0、L1R1、L2R2、L3R3、L4R4 五个窗口条件与整行进行比较。结果表明，R0 与整行比较，在各指标上均差异显著：平均注视时间 $t(67)=21.29$，$p<0.001$；阅读速度 $t(67)=-12.87$，$p<0.001$；向右眼跳幅度 $t(67)=-9.85$，$p<0.001$。L1R1 与整行比较，在各指标上均差异显著：平均注视时间 $t(67)=7.15$，$p<0.01$；阅读速度 $t(67)=-7.12$，$p<0.001$；向右眼跳幅度 $t(67)=-12.27$，$p<0.001$。L2R2 与整行比较，在向右眼跳幅度上差异显著：$t(67)=-5.88$，$p<0.001$；在平均注视时间和阅读速度上差异不显著，平均注视时间 $t(67)=-0.97$，$p>0.05$ 阅读速度 $t(67)=-0.03$，$p>0.05$。L3R3、L4R4 与整行的比较在各指标上均不显著，$p>0.05$。综合三个指标的结果，可以发现，五年级被试知觉广度的右侧范围为 2—3 个汉字。

3.3 三个年级多重回归分析结果

3.3.1 各变量对三年级被试眼动指标的多元回归分析

为进一步考察各因素对三年级被试眼动指标的影响，分别以平均注视时间、阅读速度和向右眼跳幅度为因变量，以材料难度、窗口条件、工作记忆、阅读理解成绩、正字法、拼音、识字量和快速命名 8 个因素为自变量，采用强行进入法（Enter）进行多重回归分析，详细结果见表 6–16。

表 6–16　各变量对三年级眼动指标的多元回归分析

变量	平均注视时间			阅读速度			向右眼跳幅度		
	B	SE	β	B	SE	β	B	SE	β
难度	–15.900	3.361	–0.146***	24.516	5.551	0.137***	0.165	0.048	0.107***
窗口	–12.570	0.985	–0.394***	16.626	1.625	0.317***	0.160	0.014	0.354***
工作记忆	–0.078	0.190	–0.016	–0.166	0.313	–0.021	4.410E–5	0.003	0.001
阅读理解	–0.799	0.214	–0.162***	0.529	0.354	0.065	0.000	0.003	–0.007
正字法	0.258	0.513	0.017	–4.870	0.848	–0.201***	–0.031	0.007	–0.146***
拼音	1.538	0.612	0.083*	–6.142	1.012	–0.200***	–0.032	0.009	–0.121***
识字量	0.002	0.006	0.016	0.040	0.010	0.177***	0.000	0.000	0.220***
快速命名	–0.364	0.195	–0.062	0.820	0.322	0.085*	–0.009	0.003	–0.112***
R2	0.203			0.193			0.190		

从表 6–16 可以看到，材料难度、窗口大小、阅读理解成绩和拼音成绩对三年级被试的平均注视时间有显著的预测作用；材料难度、窗口大小、正字法、拼音成绩、识字量和快速命名对三年级被试的阅读速度和向右眼跳幅度有显著的预测作用；其他变量的作用都不具有统计学意义。

3.3.2 各变量对五年级被试眼动指标的多元回归分析

为进一步考察各因素对五年级被试眼动指标的影响，分别以平均注视时间、阅读速度和向右眼跳幅度为因变量，以材料难度、窗口条件、工作记忆、阅读理解成绩、正字法、拼音、识字量和快速命名 8 个因素为自变量，采用强行进入法（Enter）进行多重回归分析，详细结果见表 6–17。

表 6–17 各变量对五年级眼动指标的多元回归分析

变量	平均注视时间			阅读速度			向右眼跳幅度		
	B	SE	β	B	SE	β	B	SE	β
难度	–14.163	3.116	–0.132***	51.076	7.672	0.210***	0.123	0.054	0.071*
窗口	–16.263	0.912	–0.517***	27.318	2.246	0.384***	0.216	0.016	0.426***
工作记忆	0.403	0.203	0.089*	0.089	0.499	0.009	–0.006	0.004	–0.081
阅读理解	0.333	0.239	0.067	–0.353	0.588	–0.031	–0.008	0.004	–0.103*
正字法	1.253	0.555	0.086*	–0.340	1.367	–0.010	–0.006	0.010	–0.026
拼音	0.069	0.480	0.005	–1.002	1.181	–0.034	0.005	0.008	0.022
识字量	0.003	0.007	0.021	0.008	0.018	0.024	9.866E–5	0.000	0.041
快速命名	–0.929	0.179	–0.176***	0.591	0.440	0.049	0.001	0.003	0.009
R2	0.314			0.187			0.197		

从表 6–17 可以看到，材料难度、窗口大小、工作记忆和快速命名对五年级被试的平均注视时间有显著的预测作用；材料难度和窗口大小对五年级被试的阅读速度有显著的预测作用；材料难度、窗口大小和阅读理解成绩对五年级被试的向右眼跳幅度有显著的预测作用；其他变量的作用都不具有统计学意义。

4 讨论

4.1 不同年级被试眼动指标的总体分析

结合以往的文献（Häikiö et al.，2009；Rayner et al.，2009），本研究选取平均注视时间、阅读速度和向右眼跳幅度作为分析指标。由结果可知，不同年级的被试在三个眼动指标上的差异均达到了显著水平，随着年龄的增大，平均注视时间越来越短，阅读速度越来越快，阅读效率随着年龄的增加而提高。而在向右眼跳幅度上，五年级被试的眼跳幅度大于三年级，并且差异显著。

一般来讲，平均注视时间指标反映读者对汉字精细加工的程度，即在阅读广度内，读者可以获得的较为精细的信息，比如字义等信息。阅读速度反映的内涵更加丰富，它与阅读时间是一个高相关的指标。它既可以反映较为精细的加工，与平均注视时间支持的知觉广度一致（Rayner et al.，2009；Häikiö et al.，2009），也可以反映计划眼跳时进行的加工（Häikiö et al.，2009）。而眼跳幅度指标反映了对汉字进行的较为粗略的加工广度，如读者计划眼跳时需要的信息（Rayner et al.，1986，2009；Häikiö et al.，2009）。由结果可知，在精细加工的程度上，阅读效率随着年龄的增长而提高。

4.2 不同年级被试的知觉广度

本研究参考以往的研究文献（Inhoff et al.，1998；Rayner，1986；Häikiö et al.，2009；Rayner et al.，2009），选取了六种以汉字为呈现单位的窗口条件，并使用不同难度的阅读材料，探讨了不同年级被试的知觉广度大小。

对三年级被试知觉广度右侧范围的检验发现，平均注视时间支持 1 个汉字的空间，而阅读速度和向右眼跳幅度支持 2 个汉字的空间；对五年级被试而言，平均注视时间和阅读速度支持 2 个汉字的空间，向右眼跳幅度支持 3 个汉字的空间；大学生被试的平均注视时间支持 2 个汉字的空间，阅读速度和向右眼跳幅度支持 3 个汉字的空间。一般来讲，平均注视时间指标反映读者对汉字精细加工的广度，即在这个广度内，读者可以获得的较为精细的信息，比如字义等信息。因此平均注视时间所反映的知觉广度范围较小。而眼跳幅度指标反映了对汉字进行的较为粗略的加工广度，如读者计划眼跳时需要的信息（Rayner et al.，1986，2009；Häikiö et al.，2009），因此，眼跳幅度支持更大的知觉广度。阅读速度反映的内涵更加丰富，它与阅读时间是一个高相关的指标。Rayner 认为，阅读时间是移动窗口范式中信息量最丰富的一个指标。它既可以反映较为精细的加工，与平均注视时间支持的知觉广度一致（Rayner et al.，2009；Häikiö et al.，2009），也可以反映计划眼跳时进行的加工，与眼跳幅度一致（Häikiö et al.，2009），它所反映的知觉广度范围更为综合。

综合三个指标的结果，推测小学三年级被试知觉广度的右侧范围为 1—

2 个字。相对于年龄大的被试，年龄小的被试不易受小窗口的影响。这表明三年级被试可能没有形成自动化的词识别，即使窗口很小，材料没有全部呈现也不会受到很大影响。小学五年级被试接近成人的知觉广度，右侧范围为 2—3 个汉字，但阅读效率等仍有发展空间。成人汉字知觉广度右侧范围 2—3 个字的结果与大多数的研究结果是一致的（Inhoff et al.，1998；闫国利，王丽红，等，2011）。对于知觉广度发展的趋势研究，也与 Rayner（1986）和 Häikiö 等人（2009）的研究结果相似。Rayner（1986）采用移动窗口技术探讨了不同年龄群体的词长广度与字母特征广度。在实验中，Rayner 发现经过一年阅读指导的被试词长广度表现出右侧优势的不对称性。对二年级被试来说，词长广度为注视点左侧 3—4 个字母，右侧 11 个字母，四年级被试与二年级相同，六年级与成人右侧为 14 个。尽管词长广度到六年级不再发展，但阅读技能仍可继续提高，表现在较少的注视、较少的回视、较长或较少的眼跳（Lefton，Nagle，Johnson，Fisher，1979；Rayner，1998）。

综合以往的研究结果，可以发现，阅读知觉广度在小学高年级阶段即可达到成人水平，但阅读效率仍有较大的提高空间。

4.3　各影响因素对两个年级眼动指标的多元回归分析

为了探讨各影响因素对眼动的影响，分别以材料难度、窗口大小、工作记忆容量和阅读技能为自变量，以平均注视时间、阅读速度和向右眼跳幅度为因变量，进行多元回归分析。参考以往的研究，阅读技能包括拼音、正字法、识字量、快速命名和阅读理解成绩五项测试，为了比较各年级的差异，所有被试要采用同一测试材料。

以年级为单位的回归分析结果表明，材料难度、窗口大小、正字法、拼音成绩、识字量和快速命名对三年级被试的眼动指标有显著的预测作用；材料难度、窗口大小、工作记忆、阅读理解和快速命名对五年级被试的眼动指标有显著的预测作用；材料难度、窗口大小、工作记忆和阅读理解对大学生被试的眼动指标有显著的预测作用。

综合研究结果，可以看出，窗口大小、材料难度和阅读理解对所有被试的眼动指标有预测作用，这与以往的研究是一致的。随着窗口的增大，平均注视时间变短，阅读速度变快，向右眼跳幅度增大。并且由回归系数可以看出，随着年级的增加，窗口的预测作用也越来越大，这说明年龄越小的被试由于知觉广度偏小，更不易受到窗口变化的影响。根据 Rayner（1986）和 Henderson 等（1990）对英文材料的研究，中央凹处材料的加工难度影响阅读者的知觉广度，材料的加工难度增大时阅读者的有效视觉范围会明显缩小。中文研究结果与英语材料一致，随着材料难度的增大，平均注视时间增大、阅读速度变慢、向右眼跳幅度变小。阅读理解的成绩仅在部分眼动指标上存在预测作用，成绩高的被试平均注视时间较短，这一结果与以往研究一致（Rayner，1986；Rayner，Slattery，Bélanger，2010；Häikiö，et al.，2009）。阅读中一次注视所能获取的信息量是与阅读技能的发展有关。Rayner（1986）发现阅读技能提高时，单次注视所获取的信息量也随之增大。并且，阅读技能越高，获取的注视点右侧单词的长度和字母个数信息也越多。一种解释就是阅读技能低的被试对于中央凹处的注视词投入了更多的加工资源，注意不能有效地转移到副中央凹，不像快速阅读者那样可以容易地加工中央凹词并且速度很快，这就导致了慢速阅读者有较慢的速度和较小的字母识别广度。这一解释同 Henderson 和 Ferreira 的中央凹负荷假说一致（Henderson，Ferreira，1990；Kennison，Clifton，1995；White，Rayner，Liversedge，2005b），认为当中央凹负荷增加，对副中央凹信息加工的资源就会减少。

工作记忆仅对五年级被试的眼动指标有预测作用，与 Kennison 和 Clifton（1995）的研究结果相似，工作记忆成绩高的被试平均注视时间更短，精细加工的效率更高。工作记忆成绩之所以没有对小学三年级被试的眼动产生预测作用，也可能是因为工作记忆任务相对于小学三年级被试而言，难度有些大。本研究采用更为全面的阅读技能的指标，结果还发现快速命名对小学生的阅读眼动有预测作用，正字法、拼音成绩和识字量还对三年级被试的眼动指标有预测作用。由于实验时间是新学期开始，接受实验的三年级学生仅接受了两整年的学校语文教育，因此，对于低年级被试来说，正字法、拼音成绩和识字量在很大程度上比阅读理解更能反映学生的阅读技能，而实验结果也证实了假设，三种测试的成绩越高，注视时间越短，阅读速度越快，向右眼跳幅度也越大。

5　结论

（1）阅读效率随着年龄的增加而提高。

（2）小学三年级被试知觉广度的右侧范围为1—2个字，小学五年级被试接近成人的知觉广度，右侧范围为2—3个汉字。

（3）材料难度、窗口大小、正字法、拼音成绩、识字量和快速命名对三年级被试的眼动指标有显著的预测作用；材料难度、窗口大小、工作记忆、阅读理解和快速命名对五年级被试的眼动指标有显著的预测作用。

第七章 小学生不同词语类型预视加工的发展

实验4 单纯词、复合词和短语的预视加工发展 *

1 前言

阅读过程中读者能否从副中央凹处获得信息以及获得信息的类型与范围是什么一直是眼动控制模型争论的热点问题。E-Z 读者模型（Reichle，Pollatsek，Fisher，Rayner，1998；Reichle，Rayner，Pollatsek，2003）认为阅读时注意像聚光灯一样按顺序进行序列加工。而 SWIFT 模型（Engbert，Nuthmann，Richter，Kliegl，2005）认为可以同时注视多个词，属于平行加工。解决两个理论的争论就是副中央凹处的信息加工。平行加工模型可以解释副中央凹—中央凹效应，而序列加工模型不能解释（Reichle，Pollatsek，Fisher，Rayner，1998）。

副中央凹预视效应是指当读者注视某个词（位于中央凹）时，可以获得其右侧词的部分信息（白学军，刘娟，臧传丽，张慢慢，郭晓峰，闫国利，2011）。研究副中央凹预视效应通常采用边界范式（Rayner，1975，2009；闫国利，巫金根，胡晏雯，白学军，2010），大量的研究利用该范式测量了读者从副中央凹处获得信息的类型（字形、语音或语义）以及范围（Rayner，

* 本研究已发表于《心理与行为研究》2014 年第 5 期。

2009）。但是研究结果多集中于字水平，针对不同词汇特性的预视加工的研究相对较少。

在拼音文字中，针对不同词语类型的预视效应已有部分研究。在英语中，相比于词对，复合词无论在空间还是词汇上都联结得更紧密，控制词长，可以从复合词的第二个成分中获得更多的信息（Hyönä，Bertram，Pollatsek，2004；Juhasz，Pollatsek， Hyönä，Drieghe，Rayner，2009）。在中文研究中，Cui 等人（2013）采用边界范式，探讨了中文阅读中单纯词、复合词、短语的预视加工，从而对各类词语预视加工的时间进程进行精细的探讨，并以此来探究当位于预视位置的目标字与当前注视字为同一个词语抑或分属于两个词语时的预视加工水平是否相同（Cui，Drieghe，Yan，Bai，Chi，Liversedge，2013）。结果显示，单纯词的预视效应略高于复合词和短语，复合词和短语之间预视效应并没有出现显著差异，并且在单纯词加工过程中出现显著的副中央凹—中央凹效应，但是复合词和短语的副中央凹—中央凹效应均不显著。该结果表明，单纯词的首字对尾字的高预期性产生了较大的预视加工，而中文词语切分的不确定性和复合词结构的复杂性导致复合词和短语的预视加工没有显著差异。

上述大量的研究均采用眼动技术来探讨成人被试在阅读中的心理加工过程（Rayner，1998，2009），并且在研究的基础上已经发展出相对成熟的眼动模型来揭示阅读的本质（如 SWIFT 模型、E-Z 读者模型），但这些模型仅能解释发展的终点——能熟练阅读的成人被试的眼动情况。相对于大量的以成人为被试的研究，以儿童为对象的眼动研究却为数不多。Rayner（1998）在其极具影响力（被引用 2665 次）的综述中，总结了在眼动领域中发表的文献有 800 多篇，但只有 4 篇是儿童的阅读，也就是说，儿童的阅读长期以来受到了忽视；2009 年的综述显示，关于儿童阅读的研究开始受到研究者的重视，文献数量有所增加，但仍然非常有限。在中文阅读中以儿童为对象的研究更是少之又少，在中国知网中输入“阅读”和“眼动”两个主题，从 2000 年至 2012 年，可以搜索到 451 篇文献，但增加“小学生”这一主题，搜索数量仅为 18 篇，多集中于快速阅读的训练，仍然不能全面而系统地反映小学生阅读与眼动的关系。

人类语言的获得与书面阅读能力的发展是一个动态复杂的过程，从一个阅读初学者成长为一个熟练的阅读者，小学阶段是一个人阅读能力发展最快速的时期。但是，在这个阶段内，儿童的阅读能力是如何发展的，其阅读的眼动特征会发生什么变化，却鲜有研究。目前关于阅读眼动的发展的研究，一种观点是认为随着年龄增长，大脑信息加工能力的完善和词汇学习经验的增多，阅读眼动的指标也相应发生变化，如阅读速度提高、注视时间减少、眼跳幅度变大（Rayner，1986）。另一种观点认为眼动的指标并不随年龄的发展而发生变化，如注视一个词的时候，一年级被试同成年人一样眼跳位于词中心位置（McConkie，Kerr，Reddix，Zola，1988），在信息提取的眼动研究中，即使呈现时间很短，7 岁儿童也可以同成人一样，完成词汇识别过程（Blythe，Liversedge，Joseph，White，Rayner，2009）。

本研究将在 Cui 等人（2013）研究的基础上，以小学生为被试，运用边界范式对三种类型词的预视加工进行探讨，以进一步探讨小学生阅读的眼动发展趋势，进而揭示眼动指标与儿童语言文字能力的关系，为眼动模型的完善提供发展依据。

2 方法

2.1 实验设计

实验采用 2×3×2 三因素混合实验设计，自变量分别为年级（小学三年级、小学五年级）、词语类型（单纯词、复合词和短语）和预视类型（一致、不一致），其中年级为被试间变量，词语类型和预视类型为被试内变量。

2.2 被试

从某小学选取了三年级和五年级学生共 60 人。其中三年级学生 30 人，男 13 人，女 17 人，8—9 岁，平均年龄 8.33 岁；五年级学生 30 人，男 15 人，女15人，10—11岁，平均年龄10.50岁。所有被试的裸视或矫正视力正常。

2.3　材料

2.3.1　句子编写

实验采用了Cui等人（2013）的实验材料，分别选取了单纯词、复合词和短语各60组目标词，并分别将三种类型词语嵌入句中。所有目标词均处于句中位置，并且目标词之前的句子内容相同。

2.3.2　合理性评定

为了确保目标词与句子语境语义一致，需要对句子的合理性进行评定。分别选择小学三年级学生（9—10岁，平均年龄9.08岁）、五年级学生（10—11岁，平均年龄11.38岁）与大学生各24人（18—23岁，平均年龄21.07岁）（这些学生不参加后来的正式实验）对句子的合理性进行5点量表评定，分值越高代表句子合理性越差。三年级学生的评定结果分别是：单纯词（$M = 2.13$，$SD = 0.44$）、复合词（$M = 2.48$，$SD = 0.94$）、短语（$M = 2.09$，$SD = 0.52$）；五年级学生的评定结果分别是：单纯词（$M = 1.96$，$SD = 0.38$）、复合词（$M = 1.93$，$SD = 0.44$）、短语（$M = 1.95$，$SD = 0.44$）；大学生的评定结果分别是：单纯词（$M = 1.98$，$SD = 0.41$）、复合词（$M = 2.02$，$SD = 0.46$）、短语（$M = 2.05$，$SD = 0.50$）。方差分析的结果显示，年级的主效应不显著，$F(2, 118) = 1.96$，$p > 0.05$；词类型的主效应不显著，$F(2, 118) = 0.47$，$p > 0.05$；交互作用不显著$F(4, 236) = 0.58$，$p > 0.05$。这表明句子具有较高的合理性，不同年级被试对句子合理性的评定差异不显著，不同词语类型所在句子的合理性差异也不显著。

2.3.3　难度评定

因为要比较不同年龄被试的差异，要保证句子是通俗易懂的，需要进行难度评定。另选择小学三年级学生（9—10岁，平均年龄9.33岁）、五年级学生（10—11岁，平均年龄11.25岁）与大学生各24人（18—23岁，平均年龄21.77岁）对句子的难度进行5点量表评定，分值越高代表句子越难。三年级学生的评定结果分别是：单纯词（$M = 1.41$，$SD = 0.36$）、复合词（$M = 1，44$，$SD = 0.44$）、短语（$M = 1.59$，$SD = 0.52$）；五年级学生的评定结果分别是：单纯词（$M = 1.36$，$SD = 0.31$）、复合词（$M = 1.35$，$SD = 0.43$）、短语（$M = 1.45$，$SD = 0.44$）；大学生的评定结果分别是：单纯词（$M = 1.41$，$SD = 0.46$）、复合词（$M = 1.47$，$SD = 0.52$）、短语（$M = 1.46$，$SD = 0.50$）。两因素方差分析的结果表明，年级的主效应不显著，$F(2, 118) = 2.79$，$p > 0.05$；词类型的主效应不显著，$F(2, 118) = 2.73$，$p > 0.05$；交互作用不显著 $F(4, 236) = 0.67$，$p > 0.05$。这表明句子通俗易懂，并且不同年级与不同词语类型的差异不显著。

2.3.4 预期性评定

另选择小学三年级学生（9—10 岁，平均年龄 9.17 岁）、五年级学生（10—11 岁，平均年龄 11.38 岁）与大学生各 24 人（18—22 岁，平均年龄 20.65 岁）对句子的预期性进行评定。将目标词第二个字之前的内容呈现，要求被试在不完整的句子后面填上一个最可能会出现的字。三年级学生的评定结果分别是：单纯词（$M = 0.51$，$SD = 0.34$）、复合词（$M = 0.10$，$SD = 0.17$）、短语（$M = 0.09$，$SD = 0.18$）；五年级学生的评定结果分别是：单纯词（$M = 0.66$，$SD = 0.35$）、复合词（$M = 0.15$，$SD = 0.28$）、短语（$M = 0.09$，$SD = 0.18$）；大学生的评定结果分别是：单纯词（$M = 0.88$，$SD = 0.21$）、复合词（$M = 0.21$，$SD = 0.29$）、短语（$M = 0.14$，$SD = 0.23$）。两因素方差分析的结果表明，年级的主效应显著，$F(2, 118) = 64.15$，$p < 0.001$，随着年级增长，预期性结果增加；词类型的主效应显著，$F(2, 118) = 131.22$，$p < 0.001$，复合词和短语的预期性无差异，但都小于单纯词的预期性。

2.3.5 句子呈现方式

句子呈现的方式采用边界范式。具体做法是：在确定的目标字前设定一条不可见的边界，当读者的眼跳越过边界之前，目标位置是预视字。当读者的眼睛跳过边界，目标字将替代预视字。实验材料及范式举例见图 7–1。

单纯词一致预视：	文中描写敦煌的语句很美。
单纯词不一致预视：	文中描写敦吹的语句很美。
复合词一致预视：	文中描写灯塔的语句很美。
复合词不一致预视：	文中描写灯吹的语句很美。
短语一致预视：	文中描写斜塔的语句很美。
短语不一致预视：	文中描写斜吹的语句很美。

图 7–1　实验材料及范式举例

2.4　仪器

实验采用加拿大 SR Research 公司生产的 Eyelink 2K 型眼动仪，采样率为 1000 赫兹。被试机屏幕的刷新率为 120 赫兹，分辨率为 1024×768 像素。被试眼睛距离屏幕 77 厘米，每个汉字视角为 2 度。

2.5　程序

对被试个别施测。首先进行三点校准，被试阅读 6 个练习句以熟悉实验程序，之后正式实验。在实验中随机设置判断句，比例占总句子的 1/3，共有 20 个判断句。每个被试完成实验大约需要 30 分钟。

为了平衡词语类型、预视类型的顺序误差，将实验材料进行拉丁方平衡，共形成 6 个系列，每个系列中各年级被试人数相同。其中每个系列包含 60 句实验材料，每个被试只接受每个句子的一种条件，平衡好句子的条件之后，所有句子的呈现采用随机化方式。

2.6　分析指标

结合以往的文献（Yang，Wang，Xu，Rayner，2009；Yan，Richter，Shu，Kliegl，2009；Yen，Radach，Tzeng，Hung，Tsai，2009），选取首次注视时间、凝视时间和首次跳读率作为分析指标。首次注视时间是指在首次通过阅读中某兴趣区内的首个注视点的注视时间。凝视时间是指从首次注视点开始到注视点首次离开当前兴趣区之间的持续时间。首次跳读率是指首次阅读中兴趣区被跳读的概率。三个指标均能有效反映词汇通达的早期阶段特征。

3 结果

在数据分析中，根据以下标准对数据进行删除：（1）注视时间小于 60 毫秒或大于 600 毫秒的数据（Yang et al., 2009）；（2）边界变化发生在注视点开始 2 毫秒后的项目。实验中所有被试回答判断问题的正确率均大于 75%，总共剔除的无效数据占总数据的 14.47%。

3.1 单字分析

对目标字及其左侧一个字画兴趣区，如下图所示，进行眼动指标的分析。

文中描写灯塔的语句很美。

N − 1　　N

3.1.1 目标字 N 的眼动指标分析

三年级和五年级被试在目标字 N 上的各眼动指标见表 7–1。

表 7–1　不同年级被试在目标字 N 上的各眼动指标分析

年级	类型	预视类型	首次注视时间	凝视时间	首次跳读率
三年级	单纯词	一致	237（9）	273（12）	0.36（0.04）
		不一致	270（11）	331（17）	0.25（0.04）
	复合词	一致	238（10）	270（14）	0.41（0.04）
		不一致	290（13）	355（18）	0.31（0.05）
	短语	一致	231（8）	270（12）	0.42（0.04）
		不一致	283（12）	343（17）	0.28（0.04）
五年级	单纯词	一致	223（10）	246（12）	0.42（0.04）
		不一致	263（11）	313（17）	0.29（0.04）
五年级	复合词	一致	216（10）	241（14）	0.44（0.04）
		不一致	285（13）	345（18）	0.33（0.05）
	短语	一致	231（8）	246（12）	0.41（0.04）
		不一致	265（12）	331（17）	0.37（0.04）

结果的分析采用三因素重复测量方差分析法，分别考察三个因素的主效应及其相互作用。

结果表明，在首次注视时间指标上，预视类型的主效应显著，F_1（1，58）= 65.00，$p < 0.001$；F_2（1，59）= 75.68，$p < 0.001$。一致预视条件下的首次注视时间更短。年级的主效应仅在项目分析上存在显著差异，F_1（1，58）= 1.30，$p = 0.258$；F_2（1，59）= 6.18，$p < 0.05$。五年级的首次注视时间短于三年级被试的时间。词语类型的主效应与其他交互作用均不显著，$p > 0.05$。

在凝视时间指标上，预视类型的主效应显著，F_1(1,58)= 67.33，$p < 0.001$；F_2（1，59）= 11.41，$p < 0.001$。一致预视条件下的凝视时间更短。年级的主效应仅在项目分析上存在显著差异，F_1（1，58）= 2.20，$p = 0.144$；F_2（1，59）= 13.42，$p < 0.001$。五年级的凝视时间短于三年级被试的凝视时间。词语类型的主效应与其他交互作用均不显著，$p > 0.05$。

在首次跳读率指标上，预视类型的主效应显著，F_1(1,58)= 40.75，$p < 0.001$；F_2（1，59）= 26.19，$p < 0.001$。一致预视条件下的首次跳读率显著大于不一致条件。年级的主效应仅在项目分析上边缘显著，F_1(1,58)= 0.75，$p = 0.391$；F_1（1，59）= 2.85，$p = 0.097$。五年级的首次跳读率大于三年级被试的频率。词语类型的主效应与其他交互作用均不显著，$p > 0.05$。

3.1.2 目标字 N − 1 的眼动指标分析

目标字N − 1上的眼动情况反映了目标词加工的副中央凹—中央凹效应，三年级和五年级被试在目标字 N − 1 上的各眼动指标见表 7–2。

表 7–2 被试在目标字 N − 1 上的各眼动指标分析

年级	类型	预视类型	首次注视时间	凝视时间	首次跳读率
三年级	单纯词	一致	227（9）	269（13）	0.40（0.05）
		不一致	237（8）	283（13）	0.37（0.04）
	复合词	一致	235（10）	276（14）	0.47（0.05）
		不一致	233（10）	278（17）	0.43（0.05）

（续表）

年级	类型	预视类型	首次注视时间	凝视时间	首次跳读率
三年级	短语	一致	231（9）	263（14）	0.42（0.04）
		不一致	234（9）	260（14）	0.43（0.04）
五年级	单纯词	一致	220（9）	252（13）	0.48（0.05）
		不一致	226（8）	262（14）	0.41（0.04）
	复合词	一致	227（10）	259（14）	0.47（0.05）
		不一致	221（10）	244（17）	0.45（0.05）
	短语	一致	220（8）	254（14）	0.47（0.04）
		不一致	222（9）	252（14）	0.46（0.04）

结果的分析采用三因素重复测量方差分析法，分别考察三个因素的主效应及其相互作用。

在首次注视时间指标上，所有变量差异均不显著。在凝视时间指标上，仅项目分析上存在年级差异，F_1（1，58）= 1.70，p = 0.198；F_2（1，59）= 5.01，$p < 0.05$。其他差异均不显著。

在首次跳读率指标上，预视类型的主效应仅在被试分析上边缘显著，F_1（1，58）= 3.65；p = 0.061，F_2（1，59）= 2.08，p = 0.155。一致预视条件下的首次跳读率大于不一致条件。年级的仅在项目分析上边缘显著，F_1（1，58）= 0.51，p = 0.477；F_2（1，59）= 3.15，p = 0.081。五年级的首次跳读率大于三年级被试的频率。词语类型的主效应与其他交互作用均不显著，$p > 0.05$。

3.2 整词分析

将目标词作为一个兴趣区，如下图所示，进行数据分析。

文中描写[灯塔]的语句很美。

↓

N

三年级和五年级被试在目标词上的各眼动指标见表 7–3。

表 7–3　　　不同年级被试在目标词上的各眼动指标分析

年级	类型	预视类型	首次注视时间	凝视时间	首次跳读率
三年级	单纯词	一致	232（7）	416（19）	0.15（0.04）
		不一致	236（7）	531（34）	0.11（0.03）
	复合词	一致	236（9）	401（26）	0.18（0.04）
		不一致	238（10）	539（39）	0.19（0.04）
	短语	一致	231（8）	432（23）	0.19（0.03）
		不一致	250（8）	554（40）	0.16（0.03）
五年级	单纯词	一致	223（8）	337（19）	0.21（0.04）
		不一致	232（7）	477（34）	0.13（0.03）
	复合词	一致	224（9）	347（26）	0.18（0.04）
		不一致	232（10）	478（39）	0.20（0.04）
	短语	一致	228（8）	354（23）	0.18（0.03）
		不一致	238（8）	441（40）	0.17（0.03）

结果的分析采用三因素重复测量方差分析法，分别考察三个因素的主效应及其相互作用。

结果表明，在首次注视时间指标上，预视类型的主效应显著，F_1（1，58）＝6.30，$p<0.05$；F_2（1，59）＝4.42，$p<0.05$。一致预视条件下的首次注视时间更短。年级的主效应仅在项目分析上存在边缘显著，F_1（1，58）＝0.87，$p=0.356$；F_2（1，59）＝2.86，$p=0.096$。五年级的首次注视时间短于三年级被试的时间。词语类型的主效应与其他交互作用均不显著，$p>0.05$。

在凝视时间指标上，预视类型的主效应显著，F_1(1，58)＝55.24，$p<0.001$；F_2（1，59）＝61.86，$p<0.001$。一致预视条件下的凝视时间显著短于不一致条件。年级的主效应显著，F_1（1，58）＝4.53，$p<0.05$，F_2（1，59）＝52.14，$p<0.001$。五年级的凝视时间短于三年级被试的凝视时间。词语类型的主效应与其他交互作用均不显著，$p>0.05$。

在首次跳读率指标上，预视类型的主效应仅在被试分析上边缘显著，F_1(1，58)＝3.78，$p=0.057$；F_2（1，59）＝2.08，$p=0.155$。一致预视条件下的首次跳读率显著大于不一致条件。年级、词语类型的主效应与其他交互作用均不显著，$p > 0.05$。

4 讨论

4.1 阅读效率的发展

由结果可以看出，在对目标字 N 的分析上，年级的主效应显著。以复合词一致条件时的眼动数据为例，对于目标字而言，在首次注视时间指标上，三年级被试是 238 毫秒，五年级被试是 216 毫秒；在凝视时间指标上，三年级被试是 270 毫秒，五年级被试是 241 毫秒；在总阅读时间指标上，三年级被试是 400 毫秒，五年级被试是 337 毫秒。由数据可知，随着年龄增长，五年级的被试表现出更少的注视时间、更多的首次跳读率，更少的注视次数和回视路径时间。

这一结果同以往的研究结果基本相似（McConkie，Zola，Grimes，Kerr，Bryant，Wolff，1991；Rayner，1985；Chen，Song，Lau，Wong，Tang，2003；Feng，Miller，Shu，Zhang，2009），支持眼动指标随认知能力的提高而变化的结论。随着年龄增长，被试对书面语言的接触增多，阅读的效率也随之提高。三年级被试的平均注视时间最长、阅读速度最慢、回视次数也最多，小学五年级被试虽然在阅读速度上慢于成年大学生，还有很大的发展空间，但在平均注视时间、凝视时间、回视次数等指标上基本可以达到成年人的水平。

4.2 预视效应的发展

在对目标字 N 的分析上，预视类型的主效应极其显著，相比预视不一致条件，预视一致条件下的注视时间、注视次数、回视路径时间更少，首次跳读率更大。在首次注视时间指标上，预视效应为 30—70 毫秒。同已有研究（Yang et al.， 2009）相比，虽然本研究与其他研究均发现存在预视效应，但是，预视量不尽相同。这可能与实验材料、被试的选取等因素有关。

关于预视发展的研究相对较少，闫国利等（2011）曾采用边界范式考察不同年级学生在知觉广度范围内副中央凹预视获取信息的类型。研究发现，大学生读者能够在副中央凹预视中获取字形和语音的信息，而小学生读者在副中央凹预视中仅能获取字形的信息（闫国利，王丽红，巫金根，白学军，2011）。

预视类型主效应显著的结果同拼音文字的研究结果相同，Häikiö，Bertram 和 Hyönä （2010）以二、四、六年级的小学生和成年人为被试，采用边界范式探讨了复合词与形—名词对的预视效应的发展。如果中央凹与副中央凹信息的加工是平行的，副中央凹词的特征会影响注视词的阅读时间。如果加工是序列的，中央凹词的加工不会受影响。结果表明，所有被试从复合词的第二个词干获得的预视效应均大于从形—名短语的名词中获得的预视效应。让人感到惊讶的是，二年级被试的预视效应与成人没有差异。二年级从复合词中获得的预视效应也大于从形—名词对中获得的，对高频词的加工方式是平行的。由此可以看出，即使只接受了一年的阅读指导，儿童也表现出了副中央凹加工能力。在本研究中，小学三年级学生也表现出与成年人一样大的预视效应，说明副中央预视能力很早就出现了。

在拼音文字中，词边界是通过空格来标记的。词与词之间有明显、确定的边界，这能够帮助读者识别词汇和计划眼跳。如前所述，复合词词素之间的联系紧密程度要远远大于词对，这就导致复合词的加工方式不同于有空格的词对，使读者可以从复合词的第二个成分中获得更多的信息，即预视效应更大（Hyönä et al.，2004；Juhasz et al.，2009）。

与拼音文字不同，中文的词语类型在多数指标上差异不显著。与成人大学生的结果相同的是，小学生被试没表现出复合词与短语的预视差异，虽然短语目标字与之前的字不属于同一个语言单位，但通过对材料的分析发现，中文虽然也有严格的词素、词语和短语等的划分，但在实际应用中，不同的人对词的切分是不一样的。这一点是由中文的特点决定的，因为汉语的词与词之间缺乏明显的物理线索。本实验中选择的短语在很多被试看来都是一个词语。而且，汉语的构词能力很强，对复合词来讲，第一个字和第二个字的关系也没有很高的预测性，预测性评定结果可以作为佐证，所以同成人一样，小学生被试也没表现出差异。这种无差异可能是由于中文词语本身的特点决定的（Cui et al., 2013）。

与成人结果不同的是，小学生在三种类型词语上的差异均不显著，这可能是由于书面语言学习时间较短，词汇通达能力不及成人强，这一点通过预测性评定结果可以看出。小学生单纯词的预测性比成人低很多，这一点可能是导致三类词语无差异的主要原因。

4.3　副中央凹—中央凹效应

对目标字N－1的分析，实际上探讨的是副中央凹—中央凹效应（Kennedy, 2000）。关于词是序列加工还是平行加工的问题，一直是平行加工模型和序列加工模型争议的热点问题。序列加工模型中 E-Z 读者模型认为，读者阅读时采用序列加工的方式，注意资源是按序列分布的，由于加工完当前词才能进行下一个词的加工，副中央凹词的特征不能影响对当前词的加工，所以出现的副中央凹—中央凹效应都可看作是对序列加工模型的否定（Reichle，Pollatsek，Fisher，Rayner，1998）。但是，平行加工模型如 SWIFT 模型却可以很好地解释副中央凹—中央凹效应，不需要依赖于前注意加工阶段，因为平行加工模型认为，注意可以同时分布于不同的词上，读者注意资源的分配从中心到边缘是呈梯度下降的（Richter，Engbert，Kliegl，2006）。自然而然地，副中央凹词会对当前注视词产生影响。以成年大学生为被试，采用相同的材料，结果发现，仅在单纯词上出现了副中央凹—中央凹效应，复合词与短语条件下预视类型的主效应不显著（Cui et al.，2013）。如前所述，小学生由于阅读经验少于成年人，对单纯词的词汇通达能力不及成人，所以在三种不同类型词上均未出现副中央凹—中央凹效应。所以，本研究的结果更多地支持词的加工方式是序列加工的。

5　结论

本研究得出如下结论：

（1）五年级学生表现出更高的阅读效率；

（2）预视类型的主效应显著，出现明显的预视效应；

（3）不同词语类型的预视效应差异不显著；

（4）未出现副中央凹—中央凹效应。研究结果支持阅读眼动的序列加工模型。

实验5　不同类型复合词的预视加工发展

1　研究目的

汉语词由语素构成，语素又通过汉字来表征。有的语素既可以单独构成词，也可以和别的语素组合构成词，这就表现为汉语词的词长不一致。有些词由一个汉字构成，约占3%；绝大多数词由两个汉字构成，占70%—80%；三字词约占16%；四字词及其他约占1%（Yu et al.，1985）。由此可见，汉语中大多数的词都是多字词，其中最常见的多字词是复合词。

在英语中，复合词是多词素词，往往由两个或更多的词构成（如fire/fly），分三种形式，分别是词间无空格、词间有连字符和词间有空格。在芬兰语中，复合词大多只有词间有连字符和词间无空格两种形式。例如，在形—名词对中，形容词很容易被其他的同义词代替而不影响词对的意思。但在复合词中这是不可能的，改变一个词素，就有可能改变复合词的意思，甚至生成另外一个新词。这种联结的紧密性可能导致复合词的加工方式不同于分离的词对，例如，控制词长这一额外变量，相比于有空格的词对，可以从复合词的第二个成分中获得更多的信息（Hyönä et al.，2004； Juhasz，Pollatsek，Hyönä，Drieghe，Rayner，2009）。Hyönä 等人（2004）发现芬兰语复合词的副中央加工远大于有空格的词对。Juhasz 等人（2009）对英语的研究也得到同样的结果。由于复合词有更大的副中央凹预视，可能也会有更大的 PoF 效应。然而，即使是成年人，也未得到稳定的 PoF 效应（Hyönä et al.，2004；Pollatsek，Hyönä，2005；White，Bertram，Hyönä，2008）。然而，White 等人（2008）的研究，以凝视时间为指标，在首字位置上出现了 PoF 效应。在其他的复合词研究中（Hyönä et al.，2004；Juhasz et al.，2009；Pollatsek，Hyönä，2005），也表现出了这种 PoF 效应的趋势，即使不显著。

Häikiö 等人采用边界范式探讨小学二年级学生和四年级学生从词内获得的预视效应是否大于词间。更精确地说，当其注视复合词的第一个词干时，能否从第二个词干中获得预视效应，并且预视效应要大于中间有空格的形—名词对（kummitustarina“鬼故事”与 lennokas tarina“生动的故事”）。结果表明，所有被试从复合词的第二个词干获得的预视效应均大于从形名短语的名词中获得的预视效应。并且，当复合词是高频词时，词加工方式是平行的（Häikiö，Bertram，Hyönä， 2010）。

综上所述，词的统一性会影响词的加工。然而，统一性的类型很多，需要明确的是语言统一性。Juhasz 等人（2009）发现，即使是用形名词对，得到的预视效应也大于一般的有空格的词对。他们的解释是，因为形容词后总是跟名词，由于句法的这种预期性，也会导致较大的预视效应。这就同复合词的预视大于有空格的词对一样，当两个词无论是空间还是语言联系更紧密的时候，都会得到较大的预视效应。

与拼音文字不同的是，汉语中词的概念是不清晰的。词与词之间没有空格（或者其他边界）。而且，在语法分类上也没有明显的物理或语言学的标记，并且词没有数、性别、时态以及方位的变化（Bai，Yan，Liversedge，Zang，Rayner，2008；Chen，1992，1999；Chen，Song，Lau，Wong，Tang，2003；

Wang，Yang，Chen，2008）。事实上，很难界定一个字是一个词还是构成词的一部分（Hoosain，1991，1992）。但是这不影响中文读者的顺利阅读（Bai et al.，2008；Inhoff，Liu，Wang，Fu，1997）。

本研究的目的是以小学生为被试，运用边界范式探讨不同复合词预视效应。预期的结果是，随着年级增长，预视量将增大；相对于名—名复合词来讲，形—名复合词的词内预视效应将更大。

2　研究方法

2.1　实验设计

实验采用2×2×2三因素混合实验设计，自变量分别为年级（小学三年级、小学五年级）、词语类型（名—名和形—名复合词）和预视类型（一致、不一致），其中年级为被试间变量，词语类型和预视类型均为被试内变量。

2.2　被试

从天津市和平区某小学选取了三年级学生和五年级学生共56人。其中三年级学生28人，男13人，女15人，8—9岁，平均年龄8.18岁；五年级学生28人，男14人，女14人，10—11岁，平均年龄10.39岁。所有被试的裸视或矫正视力正常。

2.3　材料

2.3.1　句子编写

同崔磊（2011）的实验类似，分别选取了名—名复合词（首词素和尾词素均为名词）和形—名复合词形（首词素为形容词，尾词素为名词）各72组目标词。同时控制两组复合词首字的频率、结构、笔画数、部件数等无显著差异，排除额外因素对实验结果的干扰。编写72个主题句，分别将两种类型复合词嵌入句中，所有目标词均处于句中位置，并且目标词之前的句子内容相同。

2.3.2　预期性评定

因为预视效应出现在目标字的第二个字上，所以需要预期性评定。分别选择小学三年级（9—10 岁，平均年龄 9.20 岁）、五年级（10—11 岁，平均年龄 11.25 岁）与大学生各 20 人（20—23 岁，平均年龄 21.44 岁）（这些学生不参加后来的正式实验）对句子的预期性进行评定。将目标词第二个字之前的内容呈现，指导语是："下列均是一些不完整的句子。请您在这些不完整的句子后面填上一个您认为最可能会出现的字。"

由于每个主题句包含两种不同类型的词语，同实验 3 一样进行拉丁方平衡。实验材料共两套，每套材料 72 个句子，两种类型的词语各 36 个，分别有各年级的 10 名被试参加。三年级学生的评定结果分别是：名—名复合词（$M = 0.07$，$SD = 0.11$）、形—名复合词（$M = 0.05$，$SD = 0.09$）；五年级学生的评定结果分别是：名—名复合词（$M = 0.19$，$SD = 0.26$）、形—名复合词（$M = 0.14$，$SD = 0.22$）；大学生的评定结果分别是：名—名复合词（$M = 0.30$，$SD = 0.29$）、形—名复合词（$M = 0.26$，$SD = 0.27$）。两因素方差分析的结果表明，年级的主效应显著，$F(2, 142) = 60.36$，$p < 0.001$，随着年级增长，预期性结果增加；词类型的主效应不显著，$F(1, 71) = 2.84$，$p > 0.05$。

2.3.3　合理性评定

为了确保目标词与句子语境语义一致，需要对句子的合理性进行评定。分别选择小学三年级学生（9—10 岁，平均年龄 9.32 岁）、五年级学生（10—11 岁，平均年龄 11.35 岁）与大学生各 20 人（20—23 岁，平均年龄 22.50 岁）（这些学生不参加后来的正式实验）对句子的合理性进行 5 点量表评定，分值越高代表句子合理性越差。

同预期性评定一样，实验材料共两套，每套材料 108 个句子，其中实验句 72 句（三种类型的词语各 36 句），语义不合理的填充句 36 句。分别有各年级的 10 名被试参加。三年级学生的评定结果分别是：名—名复合词（$M = 2.27$，$SD = 0.35$）、形—名复合词（$M = 2.32$，$SD = 0.41$）；五年级学生的评定结果分别是：名—名复合词（$M = 1.90$，$SD = 0.40$）、形—名复合词（$M = 1.92$，$SD = 0.41$）；大学生的评定结果分别是：名—名复合词（$M = 1.26$，$SD = 0.45$）、形—名复合词（$M = 1.22$，$SD = 0.51$）。两因素方差分析的结果表明，年级的主效应显著，$F(2, 142) = 239.69$，$p < 0.001$，随着年级增长，合理性评定得分越低，句子的合理性越好；词类型的主效应不显著，$F(1, 71) = 0.07$，$p > 0.05$；交互作用也不显著，$F(2, 142) = 0.38$，$p > 0.05$。

2.3.4　难度评定

因为要比较不同年龄被试的差异，所以需要保证句子是通俗易懂的，因此需要进行难度评定。分别选择小学三年级学生（9—10岁，平均年龄9.44岁）、五年级学生（10—11岁，平均年龄11.25岁）与大学生各20人（18—23岁，平均年龄21.44岁）（这些学生不参加后来的正式实验）对句子的难度进行5点量表评定，分值越高代表句子越难。

同预期性评定一样，实验材料共两套，每套材料108个句子，其中实验句72句（三种类型的词语各36句），填充句36句。分别有各年级的10名被试参加。三年级学生的评定结果分别是：名—名复合词（$M = 1.99$，$SD = 0.35$）、形—名复合词（$M = 2.01$，$SD = 0.44$）；五年级学生的评定结果分别是：名—名复合词（$M = 1.89$，$SD = 0.39$）、形—名复合词（$M = 1.90$，$SD = 0.39$）；大学生的评定结果分别是：名—名复合词（$M = 1.94$，$SD = 0.45$）、形—名复合词（$M = 1.91$，$SD = 0.52$）。两因素方差分析的结果表明，年级的主效应不显著，$F(2, 142) = 2.81$，$p > 0.05$；词类型的主效应不显著，$F(1, 71) = 0.03$，$p > 0.05$；交互作用也不显著，$F(2, 142) = 0.17$，$p > 0.05$。

2.3.5　句子呈现方式

句子呈现的方式采用边界范式，实验材料及范式举例见图7-2。

名—名复合词一致预视：　今天购买蚕豆的顾客很多。
名—名复合词不一致预视：今天购买蚕可的顾客很多。
形—名复合词一致预视：　今天购买扁豆的顾客很多。
形—名复合词不一致预视：今天购买扁可的顾客很多。

图 7–2　实验材料及范式举例

2.4　仪器

实验采用加拿大 SR Research 公司生产的 Eyelink 2K 型眼动仪，采样率为 1000 赫兹。被试机屏幕的刷新率为 120 赫兹，分辨率为 1024×768 像素。被试眼睛距离屏幕 77 厘米，每个汉字视角为 2 度。

2.5　程序

对被试个别施测。首先进行三点校准，被试阅读 6 个练习句以熟悉实验程序，之后正式实验。在实验中随机设置判断句，比例占总句子的 1/3，共有 24 个判断句。

为了平衡词语类型、预视类型的顺序误差，将实验材料进行拉丁方平衡，共形成 4 个系列，每个系列中各年级被试人数相同。其中每个系列包含 72 句实验材料，每个被试只接受每个句子的一种条件。平衡好句子的条件之后，所有句子的呈现采用随机化方式。

3　结果

在数据分析中，根据以下标准对数据进行删除：（1）注视时间小于 60 毫秒或大于 600 毫秒的数据；（2）边界变化发生在注视点开始 2 毫秒后的项目。实验中所有被试回答判断问题的正确率平均值为 77.75%，总共剔除的无效数据占总数据的 15.55%。

3.1　单字分析

对单字的分析同实验 4，数据分析的兴趣区如下所示。

今天购买蚕豆的顾客很多。

N－1　N

3.1.1　目标字 N 的眼动指标分析

三年级和五年级被试在目标字 N 上的各眼动指标见表 7–4。

表 7–4　　不同年级被试在目标字 N 上的各眼动指标分析

年级	类型	预视类型	首次注视时间	凝视时间	总阅读时间	首次跳读率	注视次数	回视路径时间
三年级	名名	一致	248（8）	284（11）	398（21）	0.38（0.04）	1.28（0.10）	461（23）
		不一致	271(12）	353（15）	510（24）	0.32（0.04）	1.73（0.11）	569（42）
		预视	23	69	112	–0.06	0.45	108
	形名	一致	241（8）	290（12）	376（18）	0.43（0.04）	1.22（0.08）	436（33）
		不一致	288(12）	361（18）	505（26）	0.35（0.04）	1.64（0.11）	602（44）
		预视	47	71	129	–0.08	0.42	166
五年级	名名	一致	234（9）	252（11）	366（21）	0.41（0.04）	1.22（0.10）	351（23）
		不一致	280(12）	328（18）	422（24）	0.30（0.04）	1.45（0.11）	598（42）
		预视	46	76	56	–0.11	0.23	247
	形名	一致	225（8）	243（12）	340（18）	0.40（0.04）	1.18（0.08）	384（44）
		不一致	286(12）	343（18）	459（26）	0.31（0.04）	1.57（0.11）	597（44）
		预视	61	100	119	–0.09	0.39	213

结果的分析采用三因素重复测量方差分析法，分别考察三个因素的主效应及其相互作用。

结果表明，在首次注视时间指标上，预视类型的主效应显著，F_1（1，54）＝ 58.50，p ＜ 0.001；F_2（1，71）＝ 82.74，p ＜ 0.001。一致预视条件下的首次注视时间显著短于不一致条件。年级与预视的交互作用仅在项目分析上显著，$F_1(1, 54) = 2.69$，$p = 0.107$；$F_2(1, 71) = 7.96$，$p < 0.01$。具体来说，三年级被试一致预视条件下的首次注视时间更短，五年级被试一致预视条件下的首次注视时间短于不一致条件。词语类型与预视条件的交互作用仅在被试分析上显著，$F_1(1, 54) = 6.65$，$p < 0.05$；$F_2(1, 71) = 1.78$，$p = 0.186$。简单效应表明，形—名复合词的预视效应大于名—名复合词的预视效应。词语类型和年级的主效应与其他交互作用均不显著，$p > 0.05$。

在凝视时间指标上，预视类型的主效应显著，$F_1(1, 54) = 70.79$，$p < 0.001$；$F_2(1, 71) = 34.67$，$p < 0.001$。一致预视条件下的凝视时间显著短于不一致条件。年级的主效应在项目分析上显著，在被试分析上边缘显著，$F_1(1, 54) = 3.17$，$p = 0.081$，$F_2(1, 71) = 18.43$，$p < 0.001$。五年级被试的凝视时间短于三年级被试的凝视时间。预视类型与年级的交互作用在项目分析上边缘显著，$F_1(1, 54) = 0.93$，$p = 0.338$；$F_2(1, 71) = 3.04$，$p = 0.086$，五年级的预视量大于三年级的预视量。词语类型的主效应与其他交互作用均不显著，$p > 0.05$。

在总阅读时间指标上，预视类型的主效应显著，$F_1(1, 54) = 57.07$，$p < 0.001$；$F_2(1, 71) = 16.92$，$p < 0.001$，一致预视条件下的总阅读时间显著短于不一致条件。年级的主效应在项目分析上显著，在被试分析上边缘显著，$F_1(1, 54) = 3.94$，$p = 0.052$，$F_2(1, 71) = 25.81$，$p < 0.001$。五年级的总阅读时间短于三年级被试的阅读时间。词语类型与预视类型的交互作用在被试分析上显著，在项目分析上边缘显著，$F_1(1, 54) = 4.71$，$p < 0.05$；$F_2(1, 71) = 3.55$，$p = 0.064$。简单效应的分析表明，形—名复合词的预视量大于名—名复合词的预视量。词语类型的主效应与其他交互作用均不显著，$p > 0.05$。

在首次跳读率指标上，预视类型的主效应显著，$F_1(1, 54) = 16.89$，$p < 0.001$；$F_2(1, 71) = 25.22$，$p < 0.001$。一致预视条件下的首次跳读率显著大于不一致条件。年级和词语类型的主效应与其他交互作用均不显著，$p > 0.05$。

在注视次数指标上，预视类型的主效应显著，$F_1(1, 54) = 56.87$，$p < 0.001$；$F_2(1, 71) = 102.55$，$p < 0.01$。一致预视条件下的注视次数显著少于不一

致条件。年级的主效应仅在项目分析上显著，F_1（1, 54）= 0, 65, $p = 0.424$; F_2（1，71）= 9.58，$p < 0.01$。五年级的注视次数显著少于三年级被试的注视次数。词语类型的主效应与交互作用均不显著，$p > 0.05$。

在回视路径时间指标上，预视类型的主效应显著，F_1（1，54）= 58.57，$p < 0.001$；F_2（1, 71）= 97.43, $p < 0.001$。一致预视条件下的回视时间更短。年级的主效应仅在项目分析上边缘显著，F_1（1，54）= 0.92，$p = 0.343$；F_2（1，71）= 2.87，$p = 0.095$。五年级的回视路径时间显著短于三年级被试的时间。年级与预视类型的交互作用在被试分析上边缘显著，F_1（1, 54）= 3.75, $p = 0.058$；F_2（1，71）= 2.25, $p = 0.138$。进一步分析发现，五年级的预视量大于三年级的预视量。词语类型的主效应与其他交互作用均不显著,$p > 0.05$。

3.1.2 目标字 N － 1 的眼动指标分析

同实验 4，目标词加工的副中央凹—中央凹效应是通过目标字 N － 1 上的眼动情况来反映的，三年级和五年级被试在目标字 N － 1 上的各眼动指标见表 7–5。

表 7–5 不同年级被试在目标字 N － 1 上的各眼动指标分析

年级	类型	预视类型	首次注视时间	凝视时间	总阅读时间	首次跳读率	注视次数	回视路径时间
三年级	名名	一致	246（9）	292（13）	439（21）	0.44（0.04）	1.40（0.09）	415（28）
		不一致	245（10）	290（15）	469（27）	0.43（0.04）	1.55（0.11）	419（32）
		预视	–1	–2	30	–0.01	0.15	4
	形名	一致	248（9）	298（14）	454（21）	0.38（0.04）	1.47（0.09）	370（21）
		不一致	249（9）	283（13）	503（26）	0.33（0.04）	1.70（0.12）	366（21）
		预视	1	–15	49	–0.05	0.23	–4
五年级	名名	一致	228（9）	255（13）	380（21）	0.41（0.04）	1.34（0.09）	353（28）
		不一致	226（10）	266（15）	455（27）	0.40（0.04）	1.70（0.11）	353（32）
		预视	–2	11	75	–0.01	0.26	0
	形名	一致	233（9）	260（14）	390（21）	0.42（0.04）	1.39（0.09）	361（21）
		不一致	230（9）	260（13）	452（26）	0.40（0.04）	1.62（0.12）	315（21）
		预视	–3	0	62	–0.02	0.23	–36

结果的分析采用三因素重复测量方差分析，分别考察三个因素的主效应及其相互作用。

结果表明，在首次注视时间指标上，年级效应在项目分析上显著，F_1（1，54）= 2.44，$p = 0.124$；F_2（1，71）= 5.79，$p < 0.05$。五年级的首次注视时间显著短于三年级被试。预视条件、词语条件的主效应以及交互作用均不显著，$p > 0.05$。

在凝视时间指标上，年级的主效应在项目分析上显著，在被试分析上边缘显著，F_1（1，54）= 3.33，$p = 0.073$；F_2（1，71）= 12.06，$p < 0.001$，五年级被试的凝视时间短于三年级被试的凝视时间。预视类型、词语类型的主效应与其他交互作用均不显著，$p > 0.05$。

在总阅读时间指标上，预视类型的主效应显著，F_1（1，54）= 27.06，$p < 0.001$；F_2（1，71）= 16.91，$p < 0.001$。一致预视条件下的总阅读时间显著短于不一致条件。年级的主效应在项目分析上显著，在被试分析上边缘显著，F_1（1，54）= 3.12，$p = 0.083$，F_2（1，71）= 15.52，$p < 0.001$。五年级的总阅读时间短于三年级被试的阅读时间。词语类型的主效应与交互作用均不显著，$p > 0.05$。

在首次跳读率指标上，预视类型的主效应显著，F_1（1，54）= 4.25，$p < 0.05$；F_2（1，71）= 5.02，$p < 0.05$。一致预视条件下的首次跳读率显著大于不一致条件。年级和词语类型的主效应与交互作用均不显著，$p > 0.05$。

在注视次数指标上，预视类型的主效应显著，F_1（1，54）= 39.28，$p < 0.001$；F_2（1，71）= 39.63，$p < 0.001$。一致预视条件下的注视次数更少。年级、词语类型的主效应及其他交互作用均不显著，$p > 0.05$。

在回视路径时间指标上，词语类型的主效应在项目分析上显著，在被试分析上边缘显著，F_1（1，54）= 3.56，$p = 0.065$；F_2（1，71）= 4.73，$p < 0.05$。形一名复合词的回视路径时间短于名一名复合词。年级的主效应在被试和项目分析上边缘显著，F_1（1，54）= 3.34，$p = 0.073$；F_2（1，71）= 3.94，$p = 0.051$。五年级被试的回视路径时间显著短于三年级被试的时间。

预视类型的主效应与其他交互作用均不显著，$p > 0.05$。

3.2　整词分析

整词的分析同实验 4，兴趣区如下所示。

今天购买蚕豆的顾客很多。
↓
N

三年级和五年级被试在目标词上的各眼动指标见表 7–6。

表 7–6　　被试在目标词上的各眼动指标分析

年级	类型	预视类型	首次注视时间	凝视时间	总阅读时间	首次跳读率	注视次数	回视路径时间
三年级	名名	一致	241（8）	434（25）	695（40）	0.18（0.03）	2.66（0.17）	659（41）
		不一致	248（9）	569（38）	877（50）	0.17（0.03）	3.31（0.21）	791（61）
		预视	7	135	182	–0.01	0.65	132
	形名	一致	244（8）	452（25）	691（36）	0.19（0.03）	2.69（0.15）	618（44）
		不一致	254（8）	563（43）	884（52）	0.16（0.03）	3.32（0.21）	787（56）
		预视	10	111	193	–0.03	0.63	169
五年级	名名	一致	232（8）	353（25）	617（40）	0.17（0.03）	2.58（0.17）	544（41）
		不一致	238（9）	508（38）	794（50）	0.16（0.03）	3.21（0.21）	814（61）
		预视	6	153	177	–0.01	0.63	270
	形名	一致	229（8）	348（25）	595（36）	0.15（0.03）	2.59（0.15）	550（44）
		不一致	243（8）	528（43）	806（52）	0.17（0.03）	3.21（0.21）	765（56）
		预视	14	180	215	0.02	0.62	215

结果的分析采用三因素重复测量方差分析法，分别考察三个因素的主效应及其相互作用。

结果表明，在首次注视时间指标上，预视类型的主效应显著，$F_1(1, 54) = 6.42$，$p < 0.05$；$F_2(1, 71) = 7.02$，$p < 0.01$。一致预视条件下的首次注视时间更短。年级的主效应只在项目分析上显著，$F_1(1, 54) = 1.21$，p

$= 0.276$；$F_2(1, 71) = 4.13$，$p < 0.05$。五年级学生的首次注视时间短于三年级学生。词语类型的主效应与其他交互作用均不显著，$p > 0.05$。

在凝视时间指标上，预视类型的主效应显著，$F_1(1, 54) = 87.44$，$p < 0.001$；$F_2(1, 71) = 103.26$，$p < 0.001$。一致预视条件下的凝视时间显著短于不一致条件。年级的主效应在项目分析上显著，$F_1(1, 54) = 2.73$，$p = 0.105$；$F_2(1, 71) = 27.08$，$p < 0.001$。五年级被试的凝视时间短于三年级被试的凝视时间。词语类型的主效应与其他交互作用均不显著，$p > 0.05$。

在总阅读时间指标上，预视类型的主效应显著，$F_1(1, 54) = 83.11$，$p < 0.001$；$F_2(1, 71) = 95.55$，$p < 0.001$。一致预视条件下的总阅读时间显著短于不一致条件。年级的主效应仅在项目分析上显著，$F_1(1, 54) = 2.26$，$p = 0.138$；$F_2(1, 71) = 30.15$，$p < 0.001$。五年级被试的总阅读时间短于三年级被试的阅读时间。词语类型的主效应与其他交互作用均不显著，$p > 0.05$。

在注视次数指标上，预视类型的主效应显著，$F_1(1, 54) = 69.53$，$p < 0.001$；$F_2(1, 71) = 103.15$，$p < 0.01$。一致预视条件下的注视次数显著少于不一致条件。年级的主效应仅在项目分析上边缘显著，$F_1(1, 54) = 0.19$，$p = 0.663$；$F_2(1, 71) = 3.27$，$p = 0.075$。五年级被试的注视次数少于三年级被试的注视次数。词语类型的主效应与其他交互作用均不显著，$p > 0.05$。

在回视路径时间指标上，预视类型的主效应显著，$F_1(1, 54) = 43.39$，$p < 0.001$；$F_2(1, 71) = 65.41$，$p < 0.001$。一致预视条件下的回视时间更短。年级的主效应仅在项目分析上显著，$F_1(1, 54) = 0.63$，$p = 0.431$；$F_2(1, 71) = 4.82$，$p < 0.05$。五年级被试的回视路径时间显著短于三年级被试的时间。词语类型的主效应与其他交互作用均不显著，$p > 0.05$。

在首次跳读率指标上，所有指标差异均不显著。

4 讨论

本研究采用三因素混合实验设计，探讨了不同年级被试对不同类型复合词的预视效应发展情况。

由结果可以看出，在对目标字N与目标词的分析上，同研究4的结果一致，年级的主效应显著，随着年龄的增长，五年级的被试表现出更少的注视时间和回视路径时间，阅读效率也更高。

在对目标字N的分析上，预视类型的主效应表现出同年级主效应相同的趋势。相比预视不一致条件，预视一致条件下的注视时间、注视次数、回视路径时间更少，首次跳读率更大。

与预期结果不同的是，词语类型在所有指标上差异不显著，与预视条件的交互作用也仅出现在首次注视时间与总阅读时间上。进一步分析发现，形—名复合词的预视效应大于名—名复合词。这说明，形—名复合词需要从第二个词素上获得的词汇信息更多。

在对目标字N－1的分析上，实际上探讨的是中央凹—副中央凹效应，结果表明，年级的主效应在首次注视时间、凝视时间、总阅读时间和回视路径时间上显著，随着年龄的增长，五年级的被试表现出更短的阅读时间。

预视类型的主效应仅在总阅读时间和注视次数上表现出差异。相比预视不一致条件，预视一致条件下的阅读时间、注视次数更少，其他6个眼动指标均不显著，说明中央凹—副中央凹效应并不稳定。

5 结论

（1）年级主效应显著，五年级学生表现出更高的阅读效率。

（2）预视类型的主效应显著，出现明显的预视效应。

（3）不同词语类型主效应不显著。

（4）词语类型与预视类型的交互作用仅出现在首次注视时间和总阅读时间上，形—名复合词的预视效应大于名—名复合词，并且未出现稳定的中央凹—副中央凹效应。

第八章　小学生阅读中信息提取的眼动发展

实验 6　中文阅读中词 N 提取的眼动发展

1　研究目的

前两个研究从空间角度探讨了小学生在阅读过程中知觉广度的范围，以及在此范围内获取信息量的大小。本研究将从时间角度探讨小学生在信息提取速度上的发展状况。

综合中英文的研究结果发现，使用消失文本探讨信息提取时间的结果并不一致。中文的研究显示，当读者所注视的双字词在 80 毫秒后消失，不会影响正常阅读（闫国利，王文静，白学军，2007），此后的研究也多采用 80 毫秒这一呈现时间（闫国利，胡晏雯，刘志方，张智君，2009）。但刘志方、张智君和赵亚军（2011）的研究发现，呈现时间为 50—55 毫秒时与正常阅读无差异。另外从发展的角度来看，中英文的结果并一不致。英文研究发现，即使呈现时间很短，7 岁儿童也可以同成人一样，完成词汇识别过程（Blythe，Liversedge，Joseph，White，Rayner，2009）。但中文的研究发现，延迟时间达到 180 毫秒时，小学三年级阅读消失文本眼动模式与正常条件没有差异，小学五年级为 160 毫秒。而八年级和成人一样，延迟时间为 80 毫秒时，阅读消失文本眼动模式与正常条件基本没有差异（刘志方，2009）。

本研究将在以往研究的基础上，以小学生和成人为被试，采用消失文本范式，设置三种呈现时间（40毫秒、80毫秒和120毫秒），与控制条件对比，研究词N提取的眼动发展，同时将每个句子中的目标词分为高频和低频，进一步考察频率对阅读的影响。

2 研究方法

2.1 实验设计

实验采用3×4×2三因素混合实验设计，自变量分别为年级（小学三年级、小学五年级、大学生）、呈现条件（40毫秒、80毫秒、120毫秒和正常文本）和词频（高频、低频），其中年级为被试间因素，呈现条件和词频均为被试内因素。

2.2 被试

从天津市和平区某小学选取三年级学生和五年级学生，从天津师范大学选取在校大学生为被试。其中三年级学生32人，男14人，女18人，8—9岁，平均年龄8.34岁；五年级学生32人，男17人，女15人，10—11岁，平均年龄10.47岁；大学生32人，男3人，女29人，18—22岁，平均年龄19.69岁。所有被试的裸视或矫正视力正常。

2.3 材料

2.3.1 句子编写

采取王文静（2007）的实验材料，从《现代汉语频率词典》和《现代汉语分类词典》挑选词义相近、笔画数匹配但词频差异较大的名词词对，共40组，控制首尾字的笔画数，高频词的频率是344.95次/百万，低频词的频率是9.95次/百万。以名词词对作为目标词，编写40个句子。以目标词对“学生”和“学员”为例，前者为高频词，后者为低频词，共同嵌入同一个句子中，“学校组织学生/学员参观展览”。所有句子都由6—7个双字词构成，所有目标词均处于句中位置，并且除目标词之外的内容完全相同。

2.3.2　预期性评定

因为频率效应出现在目标词上，所以需要预期性评定。分别选择小学三年级学生（9—10 岁，平均年龄 9.25 岁）、五年级学生（10—11 岁，平均年龄 11.44 岁）与大学生各 16 人（18—22 岁，平均年龄 21.19 岁）（这些学生不参加后来的正式实验）对句子的预期性进行评定。将目标词之前的内容呈现，指导语是："下列均是一些不完整的句子。请您在这些不完整的句子后面填上一个您认为最可能会出现的字。"

三年级学生的评定结果分别是：高频词（$M = 0.04$，$SD = 0.10$）、低频词（$M = 0.01$，$SD = 0.03$）；五年级学生的评定结果分别是：高频词（$M = 0.05$，$SD = 0.13$）、低频词（$M = 0.02$，$SD = 0.09$）；大学生的评定结果分别是：高频词（$M = 0.10$，$SD = 0.17$）、低频词（$M = 0.04$，$SD = 0.12$）。两因素方差分析的结果表明，年级的主效应显著，$F(2, 78) = 11.26$，$p < 0.001$，随着年级增长，预期性结果增加；词频的主效应不显著，$F(1, 39) = 3.67$，$p > 0.05$。

2.3.3　合理性评定

为了确保目标词与句子语境语义一致，需要对句子的合理性进行评定。分别选择小学三年级学生（9—10 岁，平均年龄 9.28 岁）、五年级学生（10—11 岁，平均年龄 11.25 岁）与大学生各 16 人（18—23 岁，平均年龄 21.60 岁）（这些学生不参加后来的正式实验）对句子的合理性进行 5 点量表评定，分值越高代表句子合理性越差。

由于每个主题句包含两种不同词频的词语，所以需要将主题和词频进行拉丁方平衡，形成两套实验材料，每套材料 60 个句子，其中实验句 40 句（两种词频的词语各 20 句），语义不合理的填充句 20 句。分别有各年级的 8 名被试参加。三年级学生的评定结果分别是：高频词（$M = 2.11$，$SD = 0.40$）、低频词（$M = 1.96$，$SD = 0.38$）；五年级学生的评定结果分别是：高频词（$M = 2.06$，$SD = 0.69$）、低频词（$M = 2.07$，$SD = 0.65$）；大学生的评定结果分别是：高频词（$M = 1.97$，$SD = 0.36$）、低频词（$M = 1.91$，$SD = 0.28$）。两因素方差分析的结果表明，年级的主效应不显著，$F(2, 78) = 1.34$，$p > 0.05$；

词类型的主效应不显著，$F(1, 39) = 1.47$，$p > 0.05$；交互作用不显著，$F(2, 78) = 1.35$，$p > 0.05$。

2.3.4　难度评定

因为要比较不同年龄被试的差异，所以需要保证句子是通俗易懂的，因此需要进行难度评定。分别选择小学三年级学生（9—10 岁，平均年龄 9.46 岁）、五年级学生（10—11 岁，平均年龄 11.10 岁）与大学生各 24 人（18—23 岁，平均年龄 22.50 岁）（这些学生不参加后来的正式实验）对句子的难度进行 5 点量表评定，分值越高代表句子越难。

同合理性评定一样，实验材料共两套，每套 60 个句子，其中实验句 40 句（两种词频的词语各 20 句），填充句 20 句。分别有各年级的 8 名被试参加。三年级学生的评定结果分别是：高频词（$M = 2.04$，$SD = 0.50$）、低频词（$M = 2.00$，$SD = 0.61$）；五年级学生的评定结果分别是：高频词（$M = 1.90$，$SD = 0.50$）、低频词（$M = 1.86$，$SD = 0.64$）；大学生的评定结果分别是：高频词（$M = 1.86$，$SD = 0.29$）、低频词（$M = 1.86$，$SD = 0.30$）。两因素方差分析的结果表明，年级的主效应不显著，$F(2, 78) = 2.49$，$p > 0.05$；词类型的主效应不显著，$F(1, 39) = 0.19$，$p > 0.05$；交互作用不显著，$F(2, 78) = 0.06$，$p > 0.05$。

2.3.5　句子呈现方式

句子呈现的方式采用边界范式，实验材料及范式举例见图 8-1。

学校组织全体学生参观展览。　　[注视开始]
*
　　组织全体学生参加展览。　　[注视 40/80/120ms 之后]
*
学校组织全体学生参观展览。　　[下一个注视开始]
　*
学校　　全体学生参观展览。　　[注视 40/80/120ms 之后]
　　*

图 8-1　词 N 消失文本范式示意图

注：“*”代表注视点，中括号内容为材料呈现的说明。

2.4　仪器

实验采用加拿大 SR Research 公司生产的 Eyelink 2K 型眼动仪，采样率为 1000 赫兹。被试机屏幕的刷新率为 150 赫兹，分辨率为 1024×768 像素。被试眼睛距离屏幕 77 厘米，汉字为宋体 22 号字，在屏幕上的大小为 31×31 像素，视角为 1 度。

2.5　程序

对被试个别施测。首先进行三点校准，被试阅读 4 个练习句以熟悉实验程序，之后正式实验。在实验中随机设置判断句，比例占总句子的 1/3，共有 13 个判断句。每个被试完成实验大约需要 15 分钟。

为了平衡呈现条件、词频的顺序误差，将实验材料进行拉丁方平衡，共形成 8 个系列，每个系列中各年级被试人数相同，其中每个系列包含 40 句实验材料，每个被试只接受每个句子的一种条件。平衡好句子的条件之后，所有句子的呈现采用随机化方式。

3　结果

按如下标准删除数据：（1）追踪失败；（2）注视时间小于 80 毫秒或大于 1200 毫秒的数据。被试回答判断题的正确率平均值为 79.49%，总共剔除的无效数据占总数据的 6.16%。

3.1　整体分析

各年级被试在不同呈现时间上的眼动指标见表 8–1。

表 8-1　　不同年级在不同呈现时间条件下的眼动指标

		阅读时间	注视时间	注视次数	回视次数	再注视率	跳读率
三年级	40ms	5070（436）	279（6）	15.22（1.06）	6.00（0.45）	0.11（0.02）	0.24（0.02）
	80ms	4637（428）	283（7）	13.51（0.96）	4.94（0.41）	0.16（0.02）	0.23（0.02）
	120ms	4490（396）	286（6）	12.91（0.93）	4.55（0.39）	0.18（0.02）	0.24（0.02）
	正常本文	4471（417）	260（6）	13.66（1.04）	4.20（0.41）	0.28（0.02）	0.23（0.02）
五年级	40ms	3717（436）	273（6）	11.15（1.06）	4.14（0.45）	0.11（0.02）	0.27（0.02）
	80ms	3696（428）	278（7）	10.88（0.96）	3.80（0.41）	0.15（0.02）	0.26（0.02）
	120ms	3336（396）	270（6）	10.40（0.93）	3.59（0.39）	0.17（0.02）	0.27（0.02）
	正常本文	3509（417）	243（6）	11.70（1.04）	3.81（0.41）	0.24（0.02）	0.26（0.02）
大学生	40ms	4071（436）	272（6）	12.35（1.06）	3.84（0.45）	0.11（0.02）	0.17（0.02）
	80ms	3990（428）	270（7）	12.11（0.96）	3.60（0.41）	0.12（0.02）	0.15（0.02）
	120ms	4060（396）	266（6）	12.43（0.93）	3.77（0.39）	0.15（0.02）	0.16（0.02）
	正常本文	4199（417）	249（6）	13.85（1.04）	3.95（0.41）	0.24（0.02）	0.13（0.02）

结果的分析采用两因素重复测量方差分析法，分别考察两个因素的主效应及其相互作用，详细结果见表 8-2。

表 8-2　　不同年级在不同呈现时间条件下的方差分析

		阅读时间	注视时间	注视次数	回视次数	再注视率
年级	df	2，93	2，93	2，93	2，93	2，93
	F1	1.83	1.43	2.13	2.67	0.74
	p	0.167	0.244	0.125	0.074	0.480
	df	2，78	2，78	2，78	2，78	2，78
	F2	117.46	25.12	103.84	69.55	11.31
	p	＜0.001	＜0.001	＜0.001	＜0.001	＜0.001
呈现条件	df	3，279	3，279	3，279	3，279	3，279
	F1	4.48	55.68	10.11	13.29	85.43
	p	0.004	＜0.001	＜0.001	＜0.001	＜0.001
	df	3，117	3，117	3，117	3，117	3，117
	F2	2.58	48.58	7.22	8.23	124.23
	p	0.057	＜0.001	＜0.001	＜0.001	＜0.001

（续表）

		阅读时间	注视时间	注视次数	回视次数	再注视率
交互作用	df	6，279	6，279	6，279	6，279	6，279
	F1	2.52	2.11	5.03	7.70	0.80
	p	0.021	0.052	＜0.001	＜0.001	0.568
	df	6，234	6，234	6，234	6，234	6，234
	F2	2.05	2.53	5.08	6.41	0.89
	p	0.060	0.022	＜0.001	＜0.001	0.501

结果描述性统计和方差分析的结果显示，在项目分析上，年级的主效应在所有的眼动指标上全部显著，在被试分析上仅回视次数边缘显著。进一步分析发现，三年级和五年级被试的再注视率均大于成年大学生；注视时间和回视次数上，三年级显著多于五年级和大学生，而五年级和大学生之间无差异；在阅读时间和注视次数上，出现了有趣的结果，三年级的阅读时间最长，注视次数也最多，但五年级超过大学生，阅读时间最短，注视次数也最少。总体而言，可以发现，随着年龄增长，阅读效率逐步提高，五年级的阅读效率接近成人。

呈现条件在所有的眼动指标上的主效应都极其显著，无论是项目分析还是被试分析。进一步的事后检验发现，在阅读时间、注视次数和回视次数上，40毫秒条件与其他三种条件存在差异，主要表现为更长的阅读时间、更多的注视次数和回视次数，而其他三种条件间无差异，说明40毫秒条件对阅读产生了干扰。在注视时间和再注视率上，无论是40毫秒、80毫秒还是120毫秒，均与正常文本条件产生差异。与正常文本相比，消失文本条件下表现出更长的注视时间和更少的再注视率，说明在消失文本条件下，被试使用了不同的阅读策略。

在阅读时间、注视次数和回视次数三个指标上，年级与呈现条件的交互作用显著，在注视时间指标上仅项目分析显著，被试分析边缘显著，再注视率上无交互作用。通过简单效应比较发现，在阅读时间、注视次数和回视次数三个指标上，相比于其他三种呈现条件，三年级被试在40毫秒条件时，阅读时间更长、注视次数更多、回视次数也更多，这表明40毫秒干扰了三年级被试的正常阅读，而五年级被试和大学生在四种呈现条件下无差异。在注视时间和再注视率两个指标上，三个年级表现出了相同的趋势，即在消失文本的三种条件下，被试都表现出更长的注视时间、更少的再注视率，采用了不同的阅读策略。

3.2　局部分析

为了进一步探讨不同词频对消失文本阅读的影响，以目标词为兴趣区，探讨年级、文本呈现时间和频率的主效应及交互作用。研究主要探讨早期加工的指标，所以选用了单次注视时间、首次注视时间和凝视时间三个指标。各年级被试在不同呈现时间条件下的眼动指标见表 8–3。

表 8–3　不同年级在不同呈现时间条件下的眼动指标

		单次注视时间		首次注视时间		凝视时间	
		高频	低频	高频	低频	高频	低频
三年级	40ms	274（11）	286（10）	273（10）	282（9）	308（14）	318(20）
	80ms	255（10）	289（13）	259（10）	287(12）	314（17）	371(23）
	120ms	277（11）	298（12）	279（11）	301(12）	357（21）	386(21）
	正常本文	224（10）	228（11）	226（9）	240（8）	311（17）	361(19）
五年级	40ms	244（11）	291（10）	248（10）	291（9）	264（14）	368(20）
	80ms	279（10）	267（13）	276（10）	268(12）	321（17）	348(23）
	120ms	277（11）	245（12）	273（11）	258(12）	305（21）	309(21）
	正常本文	212（10）	264（11）	215（9）	251（8）	292（17）	317(19）
大学生	40ms	270（11）	275（10）	267（10）	278（9）	296（14）	356(20）
	80ms	256（10）	289（13）	263（10）	286(12）	302（17）	329(23）
	120ms	261（11）	259（12）	271（11）	255(12）	331（21）	294(21）
	正常本文	255（10）	274（11）	255（9）	259（8）	331（17）	348(19）

方差分析的结果显示，词频的主效应显著，在单次注视时间上，F_1（1，93）= 15.98，$p < 0.001$；F_2（1，78）= 2.84，$p = 0.096$。在首次注视时间上，F_1（1，93）= 12.59，$p < 0.001$；F_2（1，78）= 7.08，$p < 0.01$。在凝视时间上，F_1（1，93）= 23.57，$p < 0.001$；F_2（1，78）= 7.09，$p < 0.01$。高频词上

的单次注视时间、首次注视时间和凝视时间短于低频词。

呈现条件的主效应在单次注视时间上显著，$F_1(3, 279) = 16.01$，$p < 0.001$；$F_2(3, 234) = 9.092$，$p < 0.001$。消失文本条件下的单次注视时间长于正常文本条件。在首次注视时间上显著，$F_1(3, 279) = 23.57$，$p < 0.001$；$F_2(3, 234) = 10.40$，$p < 0.001$。消失文本条件下的首次注视时间更长。凝视时间的主效应不显著，$p > 0.05$。

年级的主效应在凝视时间上仅项目分析显著，$F_2(2, 156) = 4.62$，$p < 0.05$，在其他指标上主效应均不显著。总体上来说，不存在年级差异。同时，年级与呈现条件的交互作用在三个指标上显著，三、五年级的注视时间在消失文本条件下均长于正常文本条件，大学生的无差异。

频率与年级、频率与呈现条件以及三者之间的交互作用均不显著，$p > 0.05$，说明词频的效应是极其稳定的。

4 讨论

本研究分别讨论年级、文本呈现时间、频率及其交互作用对词 N 信息提取的影响。

本研究结果表明，年级的主效应显著，随着年龄增长，阅读效率逐步提高，五年级的阅读效率接近成人。呈现条件的主效应显著，在阅读时间、注视次数和回视次数上，40 毫秒条件与其他三种条件存在差异，主要表现为更长的阅读时间、更多的注视次数和回视次数，而其他三种条件间无差异，说明 40 毫秒条件对阅读产生了干扰。在注视时间和再注视率上，与正常文本相比，三个年级在消失文本条件下表现出更长的注视时间、更少的再注视率，说明在消失文本条件下，被试使用了不同的阅读策略。

相比于其他三种呈现条件，三年级被试在 40 毫秒条件时，阅读时间更长、注视次数更多、回视次数也更多，这表明 40 毫秒干扰了三年级被试的正常阅读，而五年级被试和大学生在四种呈现条件下无差异。

在局部分析中，词频的主效应也非常显著，并且同其他因素之间无交互作用。同英文一样，汉语词也存在词频效应——高频词的注视时间短于低频词的注视时间（Yan，Tian，Bai，Rayner，2006）。

总体上看，消失文本条件下，所有的被试都使用了不同于正常文本阅读的策略，词频效应显著，不存在年级上的差异。三年级被试仅在40毫秒条件下受到干扰，而五年级学生和成人大学生在40毫秒时即可获得视觉信息。导致这一现象出现的原因，很可能是材料过于容易，而导致年级间的差异变小。

5　结论

（1）年级主效应显著，随着年龄增长，阅读效率提高，五年级的阅读效率接近成人。

（2）呈现条件的主效应显著，被试在消失文本条件下使用了不同的阅读策略。40毫秒的呈现时间干扰了三年级被试的正常阅读，而五年级被试和大学生在四种呈现条件下无差异。

（3）词频效应显著，高频词的注视时间短于低频词。

实验7　中文阅读中词N＋1提取的眼动发展

1　前言

英文阅读的研究结果显示，通常情况下平均注视时间为200—250毫秒（Liversege，Findlay，2000；Rayner，1998；Starr，Rayner，2001）。这个时间段主要包含四部分：眼—脑延迟时间、信息加工的时间、眼跳的决策时间和发动眼跳的时间（Rayner，Pollatsek，1989）。

Rayner 等人（Rayner，Inhoff，Morrison，Slowiaczek，Bertera，1981）利用掩蔽范式首次证明，被试在阅读时，若在首次注视点持续 50—60 毫秒后让相应的单词消失，则不会影响阅读过程，这一时间即为信息提取的时间。在此需要说明的是，单词识别或其他高水平阅读加工并不是在 50—60 毫秒内完成的，而是阅读所需要的信息非常快速地进入了加工系统，从而使读者有能力理解材料。一次注视中的剩余时间，Rayner 认为主要是用于接下来的眼动，在高水平上整合语篇特征以及预加工当前注视单词右侧的信息。

随后，有研究者（Rayner，Liversedge，White，Vergilino-Perez，2003；Liversedge，Rayner，White，Vergilino-Perez，Findlay，Kentridge，2004）采用消失文本范式（disappearing text paradigm）说明在英文阅读中为保障阅读顺利进行，视觉信息至少需要呈现 60 毫秒，与之前的研究一致。

消失文本范式的具体程序是：当读者注视一个词达到特定的时间后，被注视的词就会“消失”，即注视点处变成空白。当下一个注视开始时，原来消失的注视词又重新呈现，而该注视词也会在呈现相同的时间后消失。该范式的实验逻辑是：如果当前注视词呈现某一时间后消失，读者仍可以正常阅读，那么说明注视词至少要呈现此特定时间才能使阅读顺利进行。一旦注视词呈现时间少于该特定时间，那么读者无法进行正常的阅读。运用消失文本范式，有助于探索读者在阅读过程中信息的提取时间和阅读过程中视觉刺激与语言信息对眼动的影响（闫国利，巫金根，胡晏雯，白学军，2010）。

在英文研究中，采用消失文本范式，确定了为保障阅读顺利进行所需要的视觉信息呈现时间为 50—60 毫秒。除此之外，研究者还从预视效应、词频的影响以及发展因素方面进行了更为深入的研究。

通过预视效应，被试可以看到注视点右侧的词（Rayner，1998）。还有研究发现，如果注视点右侧的单词被掩蔽或以其他方式（如单词的一部分字母由其他字母所代替）改变，则下一个注视点的持续时间将延长 30—50 毫秒（Blanchard，Pollatsek，Rayner，1989；Hyönä，Bertram，Pollatsek，2004；Rayner，Well，Pollatsek，Bertera，1982）。Rayner 等人证实，注视点右侧的单词若在注视 60 毫秒后消失，会破坏对该消失文本的阅读（Rayner，Liversedge，White，2006）。

已有研究发现，在正常阅读条件下，阅读者对低频词的注视时间长于高频词（Inhoff，Rayner，1986；Rayner，Duffy，1986），消失文本的研究也显示存在词频效应（Rayner，Liversedge，White，Vergilino-Perez，2003）。这为眼动的认知控制模型提供了有力的证据，这与 E–Z 读者模型的假设也是一致的，即认知和词汇加工影响阅读中眼睛的移动时间。

Liversedge 等人（2004）使用消失文本范式比较了儿童与成人在信息提取上的差异，呈现时间为 60 毫秒。与预期不同的是，不论是成人还是儿童，在阅读消失文本时与正常条件差异不大，并且出现了词频效应（Liversedge et al.，2004；Rayner et al.，2003）。在另一个实验中，被试为年幼儿童组（7—9 岁）、年长儿童组（10—11 岁）和成人，将呈现时间分为 40、80、120 毫秒及控制条件，结果表明，即使是 7 岁儿童，受消失文本的影响也很小，消失文本条件下的首次注视时间和单次注视时间上均出现了显著的词频效应。这表明，即使呈现时间很短，7 岁儿童也可以同成人一样，完成词汇识别过程（Blythe，Liversedge，Joseph，White，Rayner，2009）。Blythe 等人（2011）采用消失文本探讨了芬兰语儿童识别长词（8 个字母）和短词（4 个字母）的差异。结果表明，在消失文本条件下，8—9 岁的儿童在识别长词时表现出了更少的再注视时间和更多的回视次数，而 10—11 岁儿童和成人未表现出与正常文本的差异。这表明，在消失文本条件下，年幼儿童识别长词时采用了另一种视觉识别模式，以适应消失文本的变化（Blythe，Häikiö，Bertam，Liversedge，Hyönä，2011）。

闫国利、王文静和白学军（2007）采用消失文本进行研究，发现当读者所注视的双字词在 80 毫秒后消失时，不会影响正常阅读。刘志方（2009）采用同样材料研究发现，延迟时间达到 180 毫秒时，小学三年级阅读消失文本眼动模式与正常条件没有差异，小学五年级为 160 毫秒。而八年级和成人一样，延迟时间为 80 毫秒时，阅读消失文本眼动模式与正常条件基本没有差异。闫国利、胡晏雯、刘志方和张智君（2009）采用消失文本范式，考察在中文阅读过程中注视点右侧词对阅读的影响。实验 1 发现，若读者所注视的双字词及其右侧词在 80 毫秒后同时消失，则会对其正常阅读产生干扰。实验 2 排除了当前注视词消失可能存在的效应，即让右侧词在 80 毫秒后单独消失，结果仍发现会干扰正常阅读。另外，在两个实验中均发现了显著的词频效应。这些结果不仅支持眼动的认知控制模型，还证实注视点右侧词的加工对顺利阅读具有重要性。而刘志方、张智君和赵亚军（2011）的研究得到了不同的结果，在对词 N 注视持续 50—55 毫秒后，词 N － 1 消失将严重影响被试的阅读，而词 N ＋ 1 和词 N ＋ 2 的消失均不影响总阅读时间，但会导致读者的眼动模式发生改变，说明中文读者可以并列加工阅读知觉广度内的词汇。

综合中英文的研究结果发现，使用消失文本探讨信息提取时间的结果并不一致。本研究将在以往研究的基础上，以小学生和成人为被试，采用消失文本范式，设置三种呈现时间（40 毫秒、80 毫秒和 120 毫秒），与控制条件对比，研究词 N 与词 N － 1 提取的眼动发展，同时将每个句子中的目标词分为高频和低频，进一步考察频率对阅读的影响。

2　研究方法

2.1　实验设计

实验采用 3×4×2 三因素混合实验设计，自变量分别为年级（小学三年级、小学五年级、大学生）、呈现条件（40 毫秒、80 毫秒、120 毫秒和正常文本）和词频（高频、低频），其中年级为被试间因素，呈现条件和词频均为被试内因素。

2.2　被试

从天津市和平区某小学选取三年级学生和五年级学生，从天津师范大学选取在校大学生为被试。其中三年级学生 32 人，男 16 人，女 16 人，8—9 岁，平均年龄 8.25 岁；五年级学生 32 人，男 14 人，女 18 人，10—11 岁，平均年龄 10.38 岁；大学生 32 人，男 4 人，女 28 人，18—22 岁，平均年龄 19.22 岁。所有被试的裸视或矫正视力正常。

2.3　材料

2.3.1　句子编写

采取王文静（2007）的实验材料，从《现代汉语频率词典》和《现代汉语分类词典》挑选词义相近、笔画数匹配但词频差异较大的名词词对，共 40 组，控制首尾字的笔画数，高频词的频率是 344.95 次 / 百万，低频词的频率是 9.95 次 / 百万。以名词词对作为目标词，编写 40 个句子。以目标词对"学生"和"学员"为例，前者为高频词，后者为低频词，共同嵌入同一个句子中，"学校组织学生 / 学员参观展览"。所有句子都由 6—7 个双字词构成，所有目标词均处于句中位置，并且除目标词之外的内容完全相同。

2.3.2　预期性评定

因为频率效应出现在目标词上，所以需要预期性评定。分别选择小学三年级学生（9—10 岁，平均年龄 9.25 岁）、五年级学生（10—11 岁，平均年龄 11.44 岁）与大学生各 16 人（18—22 岁，平均年龄 21.19 岁）（这些学生不参加后来的正式实验）对句子的预期性进行评定。将目标词之前的内容呈现，指导语是："下列均是一些不完整的句子。请您在这些不完整的句子后面填上一个您认为最可能会出现的字。"

三年级学生的评定结果分别是：高频词（$M = 0.04$，$SD = 0.10$）、低频词（$M = 0.01$，$SD = 0.03$）；五年级学生的评定结果分别是：高频词（$M = 0.05$，$SD = 0.13$）、低频词（$M = 0.02$，$SD = 0.09$）；大学生的评定结果分别是：高频词（$M = 0.10$，$SD = 0.17$）、低频词（$M = 0.04$，$SD = 0.12$）。两因素方差分析的结果表明，年级的主效应显著，$F(2, 78) = 11.26$，$p < 0.001$，随着年级增长，预期性结果增加；词频的主效应不显著，$F(1, 39) = 3.67$，$p > 0.05$。

2.3.3　合理性评定

为了确保目标词与句子语境语义一致，需要对句子的合理性进行评定。分别选择小学三年级学生（9—10 岁，平均年龄 9.28 岁）、五年级学生（10—11 岁，平均年龄 11.25 岁）与大学生各 16 人（18—23 岁，平均年龄 21.60 岁）（这些学生不参加后来的正式实验）对句子的合理性进行 5 点量表评定，分值越高代表句子合理性越差。

由于每个主题句包含两种不同词频的词语，所以需要将主题和词频进行拉丁方平衡，形成两套实验材料，每套材料 60 个句子，其中实验句 40 句（两种词频的词语各 20 句），语义不合理的填充句 20 句。分别有各年级的 8 名被试参加。三年级学生的评定结果分别是：高频词（$M = 2.11$，$SD = 0.40$）、低频词（$M = 1.96$，$SD = 0.38$）；五年级学生的评定结果分别是：高频词（$M = 2.06$，$SD = 0.69$）、低频词（$M = 2.07$，$SD = 0.65$）；大学生的评定结果分别是：高频词（$M = 1.97$，$SD = 0.36$）、低频词（$M = 1.91$，$SD = 0.28$）。两因素方差分析的结果表明，年级的主效应不显著，$F(2, 78) = 1.34$，$p > 0.05$；词类型的主效应不显著，$F(1, 39) = 1.47$，$p > 0.05$；交互作用不显著，$F(2, 78) = 1.35$，$p > 0.05$。

2.3.4　难度评定

因为要比较不同年龄被试的差异，所以需要保证句子是通俗易懂的，因此需要进行难度评定。分别选择小学三年级学生（9—10 岁，平均年龄 9.46 岁）、五年级学生（10—11 岁，平均年龄 11.10 岁）与大学生各 24 人（18—23 岁，平均年龄 22.50 岁）（这些学生不参加后来的正式实验）对句子的难度进行 5 点量表评定，分值越高代表句子越难。

同合理性评定一样，实验材料共两套，每套 60 个句子，其中实验句 40 句（两种词频的词语各 20 句），填充句 20 句。分别有各年级的 8 名被试参加。三年级学生的评定结果分别是：高频词（$M = 2.04$，$SD = 0.50$）、低频词（$M = 2.00$，$SD = 0.61$）；五年级学生的评定结果分别是：高频词（$M = 1.90$，$SD = 0.50$）、低频词（$M = 1.86$，$SD = 0.64$）；大学生的评定结果分别是：高频词（$M = 1.86$，

$SD = 0.29$）、低频词（$M = 1.86$，$SD = 0.30$）。两因素方差分析的结果表明，年级的主效应不显著，$F(2, 78) = 2.49$，$p > 0.05$；词类型的主效应不显著，$F(1, 39) = 0.19$，$p > 0.05$；交互作用不显著，$F(2, 78) = 0.06$，$p > 0.05$。

2.3.5　句子呈现方式

消失文本范式的材料呈现方式见图 8–2。

学校组织全体学生参观展览。　　［注视开始］
*
学校　　全体学生参加展览。　　［注视 40/80/120 毫秒之后］
*
学校组织全体学生参观展览。　　［下一个注视开始］
　*
学校组织　　学生参观展览。　　［注视 40/80/120 毫秒之后］
　　*

图 8–2　词 N ＋ 1 消失文本范式示意图

2.4　仪器

实验采用加拿大 SR Research 公司生产的 Eyelink 2K 型眼动仪，采样率为 1000 赫兹。被试机屏幕的刷新率为 150 赫兹，分辨率为 1024×768 像素。被试眼睛距离屏幕 77 厘米，汉字为宋体 22 号字，在屏幕上的大小为 31×31 像素，视角为 1 度。

2.5　程序

对被试个别施测。首先进行三点校准，被试阅读 4 个练习句以熟悉实验程序，之后正式实验。在实验中随机设置判断句，比例占总句子的 1/3，共有 13 个判断句。每个被试完成实验大约需要 15 分钟。

为了平衡呈现条件、词频的顺序误差，将实验材料进行拉丁方平衡，共形成 8 个系列，每个系列中各年级被试人数相同。其中每个系列包含 40 句实验材料，每个被试只接受每个句子的一种条件。平衡好句子的条件之后，所有句子的呈现采用随机化方式。

3 结果

按如下标准删除数据：（1）追踪失败；（2）注视时间小于 80 毫秒或大于 1200 毫秒的数据。被试回答判断问题的正确率平均值为 81.41%，总共剔除的无效数据占总数据的 5.20%。

3.1 整体分析

各年级被试在不同呈现时间上的眼动指标见表 8-4。

表 8-4 不同年级在不同呈现时间条件下的眼动指标

		阅读时间	注视时间	注视次数	回视次数	再注视率	跳读率
三年级	40ms	5353（343）	293（6）	15.59（1.08）	5.27（0.45）	0.43（0.03）	0.26（0.02）
	80ms	5553（349）	293（7）	16.01（1.10）	5.37（0.43）	0.42（0.02）	0.23（0.02）
	120ms	5038（340）	284（6）	14.84（1.00）	4.64（0.35）	0.40（0.03）	0.24（0.02）
	正常本文	4801（361）	267（6）	14.85（1.12）	4.37（0.39）	0.34（0.03）	0.22（0.02）
五年级	40ms	3918（343）	274（6）	12.24（1.08）	3.90（0.45）	0.32（0.03）	0.28（0.02）
	80ms	3900（349）	272（7）	12.13（1.10）	3.56（0.43）	0.32（0.02）	0.26（0.02）
	120ms	3671（340）	262（6）	12.02（1.00）	3.63（0.35）	0.31（0.03）	0.26（0.02）
	正常本文	3881（361）	240（6）	13.25（1.12）	3.77（0.39）	0.25（0.03）	0.24（0.02）
大学生	40ms	3935（343）	269（6）	12.78（1.08）	4.17（0.45）	0.25（0.03）	0.21（0.02）
	80ms	3846（349）	265（7）	12.68（1.10）	4.13（0.43）	0.23（0.02）	0.22（0.02）
	120ms	3857（340）	267（6）	12.42（1.00）	3.82（0.35）	0.23（0.03）	0.21（0.02）
	正常本文	3865（361）	247（6）	13.29（1.12）	3.96（0.39）	0.21（0.03）	0.18（0.02）

结果的分析采用两因素重复测量方差分析，分别考察两个因素的主效应及其相互作用，详细结果见表 8-5。

表 8-5　　不同年级在不同呈现时间条件下的方差分析

		阅读时间	注视时间	注视次数	回视次数	再注视率
年级	df	2，93	2，93	2，93	2，93	2，93
	F1	5.20	5.03	2.31	2.66	14.67
	p	0.007	0.008	0.105	0.075	＜0.001
	df	2，78	2，78	2，78	2，78	2，78
	F2	253.78	105.12	119.71	77.25	182.44
	p	＜0.001	＜0.001	＜0.001	＜0.001	＜0.001
呈现条件	df	3，279	3，279	3，279	3，279	3，279
	F1	4.48	63.35	2.88	5.85	16.42
	p	0.003	＜0.001	0.037	0.001	＜0.001
	df	3，117	3，117	3，117	3，117	3，117
	F2	3.24	68.01	1.71	2.75	19.41
	p	0.025	＜0.001	0.169	0.046	＜0.001
交互作用	df	6，279	6，279	6，279	6，279	6，279
	F1	3.15	1.97	2.82	2.99	1.28
	p	0.005	0.070	0.011	0.008	0.269
	df	6，234	6，234	6，234	6，234	6，234
	F2	1.63	1.86	1.51	2.46	1.18
	p	0.139	0.089	0.175	0.025	0.320

描述性统计和方差分析的结果显示，在项目分析中，年级的主效应在所有的眼动指标上全部显著；在被试分析中，在阅读时间、注视时间和再注视率上显著，在回视次数上边缘显著。进一步分析发现，随着年龄增长，再注视率依次减少；在阅读时间、注视时间、注视次数和回视次数上，三年级学生显著多于五年级学生和大学生，而五年级和大学生之间无差异。总体而言，随着年龄增长，阅读效率在逐步提高，五年级的阅读效率接近成人。

呈现条件在所有的眼动指标上的主效应都极其显著，无论是项目分析还是被试分析。进一步的事后检验发现，在阅读时间、注视次数和回视次数上，40 毫秒条件、80 毫秒条件与其他两种条件存在差异，主要表现为更长的阅读时间、更多的注视次数和回视次数，而其他两种条件间无差异，说明 40 毫秒和 80 毫秒条件对阅读产生了干扰。在注视时间和再注视率上，无论是40毫秒、80毫秒还是120毫秒，均与正常文本条件产生差异。与正常文本相比，消失文本条件下表现出更长的注视时间、更多的再注视率，说明消失文本条件对阅读产生了不同程度的干扰。

年级与呈现条件的交互作用在回视次数上显著，在阅读时间和注视次数上仅被试分析显著，在注视时间上边缘显著，再注视率上无交互作用。通过简单效应比较发现，在阅读时间、注视次数和回视次数三个指标上，相比于其他两种呈现条件，三年级被试在40毫秒和80毫秒条件时，阅读时间更长、注视次数更多、回视次数也更多。这表明40毫秒和80毫秒干扰了三年级被试的正常阅读。在注视时间和再注视率两个指标上，消失文本的三种条件都表现出更长的注视时间、更多的再注视率。总之，消失文本对三年级被试的阅读产生了极大的干扰。

与三年级不同的是，五年级和大学生被试在阅读时间和回视次数指标上，四种呈现条件无差异，说明注视点右侧词呈现40毫秒时，被试即可快速获得视觉信息。在注视时间、注视次数和再注视率三个指标上，两个年级表现出了相同的趋势，即在消失文本的三种条件下，被试都表现出更长的注视时间、更多的再注视率、更少的注视次数，说明被试采用了不同的阅读策略。

3.2 局部分析

以目标词为兴趣区，探讨年级、文本呈现时间和频率的主效应及交互作用。各年级被试在不同呈现时间上的眼动指标见表8-6。

表8-6　不同年级在不同呈现时间条件下的眼动指标

		单次注视时间		首次注视时间		凝视时间	
		高频	低频	高频	低频	高频	低频
三年级	40ms	265（15）	297（15）	254（12）	278（10）	395（20）	529（20）
	80ms	293（10）	308（15）	285（8）	274（12）	421（21）	498（26）
	120ms	257（11）	255（12）	263（8）	255（9）	488（22）	392（20）
	正常本文	267（12）	257（15）	259（10）	259（9）	361（18）	424（23）

（续表）

		单次注视时间		首次注视时间		凝视时间	
		高频	低频	高频	低频	高频	低频
五年级	40ms	269（15）	269（15）	268（12）	261（10）	333（20）	391（20）
	80ms	248（10）	290（20）	242（8）	284（12）	338（21）	410（26）
	120ms	248（10）	290（20）	246（8）	250（9）	366（22）	339（20）
	正常本文	261（11）	252（12）	225（10）	228（9）	285（18）	317（23）
大学生	40ms	225（12）	238（15）	279（12）	285（10）	355（20）	364（20）
	80ms	302（15）	300（15）	256（8）	276（12）	332（21）	381（26）
	120ms	256（10）	284（20）	249（8）	265（9）	305（22）	341（20）
	正常本文	241（12）	263（12）	255（10）	242（9）	292（18）	315（23）

方差分析的结果显示，词频的主效应显著。在单次注视时间上，F_1（1，93）= 4.94，$p < 0.05$；F_2（1，78）= 2.79，$p = 0.099$。在首次注视时间上，F_1（1，93）= 4.79，$p < 0.05$。在凝视时间上，F_1（1，93）= 42.37，$p < 0.001$；F_2（1，78）= 8.88，$p < 0.01$。高频词上的单次注视时间、首次注视时间和凝视时间短于低频词。

呈现条件的主效应在三个指标上均显著。在单次注视时间上，F_1（3，279）= 11.35，$p < 0.001$；F_2（3，234）= 12.15，$p < 0.001$。40毫秒和80毫秒的单次注视时间长于120毫秒和正常文本条件。在首次注视时间上，F_1（3，279）= 12.85，$p < 0.001$；F_2（3，234）= 11.64，$p < 0.001$。消失文本条件下的首次注视时间长于正常文本条件。在凝视时间上，F_1（3，279）= 16.45，$p < 0.001$；F_2（3，234）= 15.62，$p < 0.001$。消失文本条件下的凝视时间长于正常文本条件。

年级的主效应在三个指标上均显著。在单次注视时间上，F_1（2，93）= 2.89，$p = 0.060$；F_2（2，156）= 8.54，$p < 0.001$。三年级被试的单次注视时间显著长于五年级和大学生。在首次注视时间上，F_1（2，93）= 3.86，$p < 0.05$；F_2（2，156）= 3.86，$p < 0.05$。三年级被试的首次注视时间显著长于五年级和大学生。在凝视时间上，F_1（2，93）= 25.28，$p < 0.001$；F_2（2，156）=

56.81，$p < 0.001$。三年级被试的凝视时间显著长于五年级和大学生。年级与呈现条件、频率与年级、频率与呈现条件以及三者之间的交互作用均不显著，$p > 0.05$。

4 讨论

本研究分别讨论年级、文本呈现时间、频率及其交互作用对词 N + 1 信息提取的影响。

结果表明，年级的主效应显著，随着年龄增长，阅读效率提高，五年级的阅读效率接近成人。呈现条件的主效应显著，在阅读时间、注视次数和回视次数上，40 毫秒条件、80 毫秒条件与正常文本条件存在差异，主要表现为更长的阅读时间、更多的注视次数和回视次数，说明注视点右侧词呈现 80 毫秒时，仍然会对阅读产生干扰。在注视时间和再注视率上，与正常文本相比，三个年级在消失文本条件下表现出更长的注视时间、更大的再注视率，说明在消失文本条件下，被试的阅读策略与阅读正常文本条件是不同的。

对交互作用的进一步分析发现，当呈现时间达到 120 毫秒时，三年级被试才能获得视觉信息，而五年级和大学生被试在 40 毫秒时即可获得视觉信息。总之，消失文本条件对三年级被试产生了极大的干扰。而五年级和大学生被试采用了不同的阅读策略，表现为更长的注视时间、更大的再注视率和更少的注视次数。

在局部分析中，词频的主效应也非常显著，并且同其他因素之间无交互作用，说明无论哪个年级，即使消失文本条件对三年级被试造成极大干扰，被试仍可在阅读过程中获得词频效应，说明词频效应极其稳定。

总体上看，消失文本条件对三年级被试产生了极大的干扰，右侧词呈现时间在 120 毫秒时，才不干扰被试的阅读；五年级学生和成人大学生在 40 毫秒时即可获是视觉信息；五年级被试和大学生在阅读过程中使用了不同的阅读策略，词频效应显著。

5　结论

（1）年级主效应显著，随着年龄增长，阅读效率提高，五年级的阅读效率接近成人。

（2）消失文本条件对三年级被试产生了极大的干扰，右侧词呈现时间在120毫秒时，才不干扰被试的阅读。而五年级学生和成人大学生在40毫秒时即可获是视觉信息，并且在阅读过程中使用了不同的阅读策略。

（3）词频效应显著，高频词的注视时间短于低频词。

第三部分

总结与展望

第九章 综合讨论

本研究的目的，就是探讨儿童在小学阶段如何从一个阅读初学者成长为接近成人水平的阅读者。为了更好地了解阅读发展的历程，以小学生为被试，通过三项研究七个实验，探讨其在阅读过程中的眼动发展，尤其是从广度（知觉广度与副中央凹预视）与速度（信息提取时间）进程上反映小学生阅读的过程。

一、阅读过程中眼动特征的发展

在知觉广度发展的实验中，三个年级被试在阅读正常文本条件（整行条件）时的眼动数据如下：在平均注视时间指标上，三年级被试是 275 毫秒，五年级被试和成年大学生相同，都是 253 毫秒；在阅读速度指标上，三年级被试是 163 字 / 分，五年级被试是 272 字 / 分，大学生是 304 字 / 分；在向右眼跳幅度上，三年级被试是 2.36 个字，五年级被试是 3.04 个字，大学生是 2.60 个字。

在预视实验中，实验 3 分别考察了被试阅读不同词型（单纯词、复合词、短语）时的预视效应，实验 4 分别考察了被试阅读不同类型复合词（形—名复合词和名—名复合词）的预视效应。由于眼动数据众多，但年龄发展的趋势相同，现仅以实验 3 中复合词一致条件时的眼动数据为例。对于目标字而言，在首次注视时间指标上，三年级被试是 238 毫秒，五年级被试是 216 毫秒；在凝视时间指标上，三年级被试是 270 毫秒，五年级被试是 241 毫秒；在总阅读时间指标上，三年级被试是 400 毫秒，五年级被试是 337 毫秒。由数据可知，随着年龄增长，阅读时间减少。

在信息提取速度实验中，分别考察了词 N 和词 N + 1 消失时的信息提取情况。以词 N 消失实验中被试阅读正常条件时的眼动数据为例，在注视时间指标上，三年级被试是 260 毫秒，五年级被试是 243 毫秒，大学生被试是 249 毫秒；在回视次数指标上，三年级被试是 4.20 次，五年级被试是 3.81 次，大学生被试是 3.95 次。

同拼音文字的研究结果基本相似，如文献综述部分所述，阅读能力越强，注视次数越少，注视时间越短，眼跳幅度越大，眼跳次数也越少（Buswell，1922；Lefton et al.，1979；McConkie，Zola，Grimes，Kerr，Bryant，Wolff，1991；Rayner，1985；Taylor，1965）。在拼音文字中，一年级被试的平均注视时间是 300—450 毫秒，六年级的平均注视时间（230—270 毫秒）已经非常接近成年人（200—250 毫秒）。

同 Chen 等人（2003）的研究结果也相同，Chen 等人在研究中报告了二、四、六年级以及大学生在阅读时的眼动数据。结果表明，二年级学生的注视时间、凝视时间和首次注视时间均长于大学生被试，六年级学生仅在总注视时间上长于大学生，但在凝视时间与首次注视时间上与大学生无差异。由于不同的眼动指标反映了阅读中词汇加工的不同时间进程，首次注视时间反映的是早期的视觉加工，凝视时间反映的是晚期加工，总注视时间反映的是最高水平的文本整合。因此，Chen 等人认为，六年级学生的基本词汇识别加工已经达到成年人的水平，但是更高水平的语言加工能力，例如文本整合还有发展空间。

综合以上的实验结果，与前人研究结果相同，本研究认为，在阅读正常文本条件时，随着年龄增长，被试对书面语言的接触增多，阅读的效率也随之提高。三年级被试的平均注视时间最长、阅读速度最慢、回视次数也最多，小学五年级被试虽然在阅读速度上慢于成年大学生，还有很大的发展空间，但在平均注视时间、凝视时间、回视次数等指标上基本可以达到成年人的水平。

二、阅读知觉广度的发展

第六章从不同的角度，较为全面地考察了知觉广度的影响因素。实验 1 针对移动窗口外的掩蔽材料，从技术方面进行了探讨。实验 2 从被试和实验材料的角度进行了探讨。

实验 1 首先探讨了不同掩蔽材料对知觉广度的影响。结果发现，不同掩蔽材料的知觉广度是不同的。综合来看，文字掩蔽可以在副中央凹处提供更多的字形信息，比“※”掩蔽有更大的知觉广度，但同时文字掩蔽又会对中央凹的语义理解造成干扰。以“※”作为掩蔽材料的优点就是材料选取更容易，不需要对材料进行字形结构等匹配，作为无意义符号不会对句子的语义理解造成干扰，从而使平均注视时间更短、阅读速度更快、眼跳幅度更大，但缺点是与正常阅读情形有差异，并且在副中央凹处不能提供字形等信息，从而使知觉广度变小。

综合上述分析可知，文字掩蔽材料可以获得比符号掩蔽更大的知觉广度。但以儿童为被试的实验，适合采用符号掩蔽，因为它对儿童阅读的干扰更少，并且研究的目的主要在于探讨不同年级被试的知觉广度发展的情况，重在发现差异。

在英文的研究中，控制不同的掩蔽材料得到的知觉广度大小不同，类型也是不同的。例如掩蔽材料是“X”或者是形似字母，掩蔽时保留空格或不保留空格，可以分别得到词长的知觉广度、字母特征的知觉广度、字母识别的知觉广度等，研究较为精细。相对于英文而言，中文单位空间里包含的信息更多，并且没有明显的词边界。所以，综观现有的阅读知觉广度的研究，采用的掩蔽材料多种多样（符号、形似字、多笔画繁体字、随机点阵等），报告的研究结果均统称为知觉广度，那么结果的不一致是否与掩蔽材料有关？如果不同掩蔽材料的阅读知觉广度是相同的，那么在以后的研究中，关于掩蔽材料的类型，仅采用相对简单的“※”作为掩蔽材料即可，可为他人的后续研究从技术上提供数据支持。如若不同，则需要在以后的研究中，细化中文阅读知觉广度的类型。本研究结果支持了掩蔽材料对知觉广度有影响的假设。在后续的研究中，一是可以参考英文的研究，采用不同的掩蔽材料（符号、形似字、形似的假字等），从技术角度进一步详细探讨中文阅读知觉广度的类型，如字形的知觉广度、字义的知觉广度等。二是在进行其他相关研究时，因为掩蔽材料不同，知觉广度不同，应根据不同的实验需要采用不同的掩蔽材料。

实验 2 采用符号掩蔽，进一步探讨了不同因素对阅读知觉广度的影响。结果表明，随着年龄的增长，平均注视时间变短，向右眼跳幅度变大，阅读速度变快，阅读效率更高，知觉广度也不同。小学三年级被试知觉广度的右侧范围为 1—2 个字，不易受小窗口的影响，说明三年级被试可能没有形成自动化的词识别，即使窗口很小，材料没有全部呈现也不会受到很大影响。小学五年级被试接近成人的知觉广度，右侧范围为 2—3 个汉字。阅读知觉广度在小学高年级阶段即可达到成人水平，但阅读效率仍有较大的提高空间。

材料难度在三个指标上的主效应极其显著，具体表现为阅读难材料时的平均注视时间更长、阅读速度更慢、向右眼跳幅度更小，这表明不同难度的材料可以影响读者的眼动模式。与易材料相比，阅读难材料会导致认知加工负荷增大，从而导致阅读效率更低。

阅读能力也影响知觉广度，慢的阅读者对于中央凹处的注视词投入了更多的加工资源，注意不能有效地转移到副中央凹，不像高阅读能力者那样可以容易加工中央凹词并且速度很快，这就导致了低阅读能力者有较慢的速度和较小的知觉广度。

实验 2 从被试的角度（年龄、阅读技能）和材料的角度展开实验。综合实验结果可以发现，知觉广度作为阅读中一个最基本的现象，并不是固定不变的，也不是受某单一因素的影响，而是受多种因素共同作用。但归结为一点，知觉广度与认知加工资源的有限性是紧密相关的。被试年龄小、阅读技能低以及材料难度大，从认知资源的角度看，均占用较多的资源，使加工负荷增大。这同副中央凹放大技术的目的是一样的，知觉广度的大小不是受视敏度的影响，而是受注意加工资源有限性的限制。随着年龄增长，认知能力提高，阅读经验增多，注意分配能力增强，知觉广度也随之扩大。所以由此可以看出，无论是阅读经验提高导致知觉广度变大，还是较大的知觉广度导致了阅读效率的提高，二者均是紧密相关的。

如前所述，阅读知觉广度的发展并不是受某单一因素影响，除了年龄、阅读能力、材料难度外，还受工作记忆广度的影响。工作记忆在阅读理解和句子加工中起着关键性作用（Just，Carpenter， 1992）。拥有高工作记忆能力的读者在阅读时效率更高，而工作记忆能力不足，将降低阅读的效率。Kennison和Clifton（1995）探讨了工作记忆容量对副中央凹预视的影响。在实验中采用阅读广度测验来评定工作记忆容量，进而用边界范式探讨工作记忆广度对预视效应的影响。结果发现，当前目标词是低频词时，注视点多落在目标词的词首位置，工作记忆容量并未影响预视效应，但是在总阅成绩上存在差异。低工作记忆广度的被试在目标词和预视词上的总注视时间和凝视时间均长于高工作记忆广度的被试。Osaka和Osaka（2002）采用移动窗口技术探讨了工作记忆广度对阅读知觉广度的影响，通过阅读广度测验将被试分成高工作记忆组和低工作记忆组，阅读成绩由阅读时间、阅读理解成绩和眼动数据来衡量。结果表明，随着窗口变小，阅读时间变长，与低工作记忆组相比，即使在窗口受限的条件下，高工作记忆组的阅读时间更短，阅读理解成绩更好，注视时间也更短。在副中央凹预视信息变小的情况下，高工作记忆组的信息整合能力更强，表明高工作记忆被试有更好的阅读成绩。

实验3进一步综合考虑这些因素对知觉广度的影响，采用多元回归的方法，从而揭示阅读的内在机制，为中文阅读的相关研究提供理论依据。结果发现，材料难度、窗口大小、正字法、拼音成绩、识字量和快速命名对三年级被试的眼动指标有显著的预测作用；材料难度、窗口大小、工作记忆、阅读理解和快速命名对五年级被试的眼动指标有显著的预测作用。

三、不同词语类型预视加工的发展

关于预视发展的研究相对较少，闫国利等（2011）曾采用边界范式进一步考察不同年级学生在知觉广度范围内，副中央凹预视获取信息的类型。研究发现，大学生读者能够在副中央凹预视中获取字形和语音的信息，而小学生读者在副中央凹预视中仅能获取字形的信息。

第七章在前人研究的基础上，进一步探讨在知觉广度范围内，从词语类型的角度来考察预视加工的发展情况。实验 4 探讨了单纯词、复合词和短语的预视加工差异。实验 5 将复合词进一步分为名—名复合词和形—名复合词，探讨了预视加工的差异。结果表明，年级主效应显著，五年级学生表现出更高的阅读效率；预视类型的主效应显著，出现明显的预视效应，但不同词语类型无差异；在首次注视时间和总阅读时间上，形—名复合词的预视效应大于名—名复合词，并且未出现稳定的中央凹—副中央凹效应。

预视类型主效应显著的结果同拼音文字的研究结果相同，Häikiö，Bertram 和 Hyönä（2010）以二、四、六年级的小学生和成年人为被试，采用边界范式探讨了复合词与形—名词对的预视效应的发展。如果中央凹与副中央凹信息的加工是平行的，副中央凹词的特征会影响注视词的阅读时间。如果加工是序列的，中央凹词的加工不会受影响。结果表明，所有被试从复合词的第二个词干获得的预视效应均大于从形—名短语的名词中获得的预视效应。让人感到惊讶的是，二年级被试的预视效应与成人没有差异。二年级被试从复合词中获得的预视效应也大于从形—名词对中获得的，对高频词的加工方式是平行的。由此可以看出，即使只接受了一年的阅读指导，儿童也表现出了副中央凹加工能力。在本研究中，小学三年级学生也表现出同成年人一样大的预视效应，说明副中央预视能力很早就出现了。

不同词语类型的预视效应未出现差异的情况，与拼音文字有很大不同。在拼音文字中，复合词词素之间的联系紧密程度要远远大于词对，改变一个词素，有可能改变复合词的意思，甚至生成另外一个新词；而在形—名词对中，形容词很容易被其他的同义词代替而不影响对词对的意思，这就导致复合词的加工方式不同于有空格的词对，可以从复合词的第二个成分中获得更多的信息，即预视效应更大（Hyönä et al.，2004；Juhasz，Pollatsek，Hyönä，Drieghe，Rayner，2009）。

中国的小学生同成人大学生的结果相同，未表现出复合词与短语的预视差异，这是由汉语的特性造成的，汉语词与词之间缺乏明显的物理线索，不同的人对词的切分是不一样的。而实验中选的短语由于构词能力强，也被很多被试认为是一个词语，所以同成人一样，小学生被试也没表现出差异，这种无差异是由中文词语本身的特点决定的。与成人结果不同的是，小学生在三种类型词语上的差异均不显著，这可能是由于他们的书面文字学习时间较短，词汇通达能力不及成人强，这一点通过预测性评定结果可以看出。小学生单纯词的预测性比成人低很多，这一点可能是导致三类词语无差异的主要原因。

综合来看，虽然不同类型词的加工方式存在少许的差异，但两个实验的结果均出现了较大的副中央凹预视效应以及微弱的的副中央凹—中央凹效应。如前所述，关于词是序列加工还是平行加工的问题，一直是平行加工模型和序列加工模型争议的热点问题。序列加工模型中 E-Z 读者模型认为，读者阅读时采用序列加工的方式，注意资源是按序列分布的，由于加工完当前词才能进行下一个词的加工，副中央凹词的特征不能影响对当前词的加工，所以出现的中央凹—副中央凹效应都可看作对序列加工模型的否定。但是，平行加工模型如 SWIFT 模型却可以很好地解释中央凹—副中央凹效应，它不需要依赖于前注意加工阶段。因为平行加工模型认为，注意可以同时分布于不同的词上，读者注意资源的分配从中心到边缘是呈梯度下降的。自然而然地，副中央凹词会对当前注视词产生影响。所以，本研究得出的较大的预视效应以及微弱的的副中央凹—中央凹效应更多地支持词的加工方式是平行加工的。

四、阅读中信息提取的眼动发展

第八章从时间的角度，探讨小学生在阅读过程中提取信息的发展。实验6借助消失文本范式，探讨了被试在消失文本条件下对词N的信息提取情况，结果发现，年级主效应显著，随着年龄增长，阅读效率提高，五年级的阅读效率接近成人。呈现条件的主效应显著，三个年级的被试在消失文本条件下使用了不同的阅读策略，与正常条件相比，在消失文本条件下表现为更长的注视时间、更短的再注视率。在年级与呈现条件的交互作用中，40毫秒的呈现时间干扰了三年级被试的正常阅读，具体表现为，与其他三种条件相比，在40毫秒的呈现时间时，三年级被试表现出更长的阅读时间、更多的注视次数和更多的回视次数，而五年级被试和大学生在四种呈现条件下无差异。这说明在本实验条件中，只有呈现时间达到80毫秒时，三年级被试获取的信息才同正常文本一样，而五年级和大学生被试在视觉信息持续40毫秒时，即可获得信息。局部分析表明，无论被试年龄如何，词频效应均显著，高频词的注视时间短于低频词。

实验7在实验6的基础上，进一步探讨了在消失文本条件下对词N＋1的信息提取情况，结果发现，同词N一样，年级主效应显著，随着年龄增长，阅读效率提高，五年级的阅读效率接近成人。呈现条件的主效应显著，三个年级的被试在消失文本条件下均表现出更多的注视时间和更多的再注视率，说明消失文本条件干扰了正常阅读。年级与呈现条件的交互作用显著，消失文本条件对三年级被试产生了极大的干扰，与正常条件相比，消失文本条件下的阅读时间更长、注视时间更长、再注视率更多，在注视次数与回视次数指标上，呈现时间为40毫秒和80毫秒时表现为更多的注视次数和更多的回视次数，而120毫秒条件同正常文本没有差异。这说明在右侧词呈现时间为120毫秒时，才不干扰三年级被试的阅读。与三年级被试不同的是，五年级和大学生无论在何种呈现条件下，阅读时间和回视次数均没有表现出差异，说明即使在呈现时间仅有40毫秒时，也可获得视觉信息。但在另三个指标上，消失文本条件下表现出更多的注视时间、更多的再注视率和更少的注视次数，这说明在消失文本条件下，被试采用了不同的阅读策略。同实验6一样，词频效应显著，高频词的注视时间短于低频词。

本研究同英文研究的结果类似（Liversedge et al.，2004；Rayner et al.，2003，2006），表明消失文本条件对年龄较小的被试产生了干扰，对小学高年级和成人的干扰不大，并且对所有被试来讲，他们均采用了不同的阅读策略。

在局部分析中，采用了反映早期认知加工的眼动指标（首次注视时间、单次注视时间和凝视时间），两个实验均出现了显著的词频效应，并且同年级和呈现条件无交互作用。即使是在呈现时间极短的40毫秒条件下，三年级被试也同成人一样表现出稳定的词频效应，这说明三年级被试也可在早期进行语言加工，同拼音文字的研究结果相同（Hyönä，Olson，1995）。众多的研究都发现了显著的词频效应，即对低频词的加工比对高频词的加工更困难，需要的时间更长。Just等在1987年对中文的研究中得出了词频与注视时间的相关值（闫国利，白学军，2007）。陈凌育、赵信珍和孙复川（1999）也发现了识别汉字的注视次数和识别时间与字频有关。Yang和McConkie（1999）还发现词频效应不仅发生在词汇识别的早期加工阶段，在后期阶段仍很明显（臧传丽，张慢慢，郭晓峰，刘娟，闫国利，白学军，2012）。

如前所述，眼球运动模型和认知加工模型的最大区别在于是否强调词汇加工在眼动控制中的作用。显然，通过考察词汇在文本信息加工中的作用，可以有效地检验两类模型的正确性。综合前人研究结果，在本实验条件下，无论是消失文本条件还是正常文本条件，频率效应均显著，被试都表现出相同的词汇加工过程，支持眼动的认知加工模型。

总之，阅读是一项非常复杂的任务。然而，熟练的读者可以毫不费力地执行这项任务，即使很长的句子，也可以在几秒内读取。能在这几秒钟内做到的读者是相当了不起的，因为在短短的几秒内，需要将看到的视觉信息与头脑中的词汇进行匹配，检索每个词的意义，为所有词分配句法结构，并将这些信息整合成句子水平以获得整个句子的含义。此外，工作记忆还要保持活跃状态，使得该信息与即将呈现的句子等内容相结合。

正如实验结果所展示的，眼动是阅读过程中的一个主要因素，因此，重要的是要知道它在许多情况下如何使很困难的东西看起来很容易。很明显，儿童的阅读能力在小学阶段发展迅速，这种发展也反映在阅读期间眼动行为的发展方面。令人感兴趣的是，儿童可以迅速提取视觉信息，可以将注意力集中于文本属性，他们的词汇通达单元也快速发展，知觉广度的范围也逐渐变大，并且在某些情况下，可以平行加工后续信息。而且，所有这些能力可以在小学高年级发展到成人水平。

五、E–Z 读者模型对眼动控制与阅读发展的解释

综合以上的实验结果，本章的最后一部分介绍 Reichle 等人（2013）使用 E–Z 读者模型对儿童阅读发展眼动的模拟（Reichle，Liversedge，Drieghe，Blythe，Joseph，White，Rayner，2013）。

E–Z Reader 是一种计算模型，描述了视觉、认知与眼部运动系统相互作用以产生阅读眼动的近似模式。有关模型的理论假设可以见 E–Z 读者模型相关文献（例如，对于模型的最新版本，见 Reichle, Pollatsek, Rayner, 2012；关于模型的详细描述及其理论假设，见 Reichle，2011 ）。

图 9–1 是模型的示意图，展示了模型的功能成分以及成分之间如何传递信息和对信息的加工控制。该模型并未对图中所示成分进行详细描述，而是当读者在文本上开始移动眼睛时，提供了这些成分如何动态地相互作用，以产生眼睛运动的近似模式的精确描述。因此，模型就像所有认知模型一样，用于模拟的心理过程的简化，但正是这个原因，它是一个用于思考这些心理过程的非常有用的分析工具。实际上，如下文所示，使用 E–Z 读者模型的模拟结果，对于儿童如何成长为一个熟练的阅读者这一课题，可从一个新颖的角度去发现哪些因素助于其阅读时的眼动发展变化。

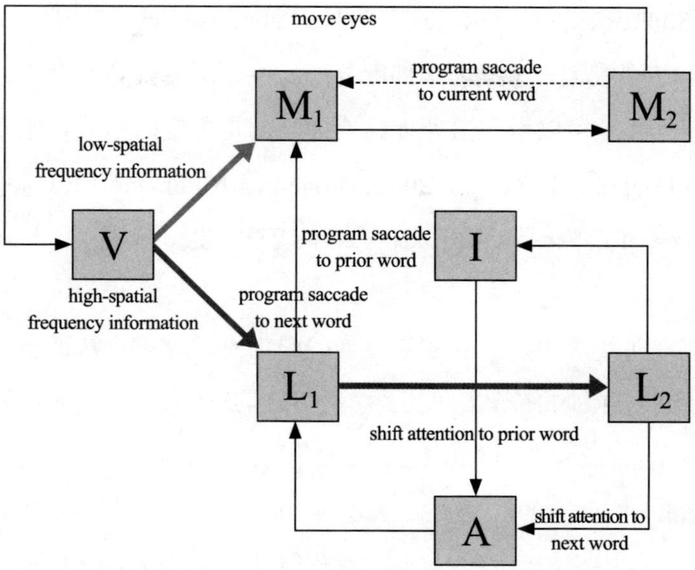

图 9–1　E–Z 读者模型关于阅读中眼动控制图解（Reichle, 2011）

注：模型中各成分如下：（1）V＝前注意阶段的视觉加工；（2）L_1＝熟悉性检测；（3）L_2＝词汇通达；（4）A＝注意转换；（5）I＝后词汇整合；（6）M_1＝眼跳计划不稳定阶段和；（7）M_2＝眼跳计划稳定阶段。浅灰色粗箭头表示由眼部运动系统用于选择眼跳目标的低空间频率信息（例如，字边界），深灰色粗箭头表示由词汇识别系统用于词汇处理的高空间频率信息（例如，字母标识），黑色细箭头指示模型各组件间的控制通路，而细黑色虚线箭头表示仅在概率情况下发生的控制转换。

E–Z 读者模型被描述为“认知控制连续注意模型”（Reichle，Pollatsek，Rayner，2006），因为其假设：（1）认知，或更具体地，熟悉性检查（词汇加工的早期阶段）——控制阅读期间的眼动；（2）词汇加工所需的注意类型严格以系列加工的方式，每次只能注视一个词。因此，在启动眼跳计划的信号和引起注意转移的信号之间存在去耦；而对词 N 的熟悉检查的完成启动了将眼睛移动到词 N ＋ 1 的眼跳，在词 N 上的词汇访问的完成将注意移动到词 N ＋ 1。因此，该模型与其他计算模型不同，有的模型假设认知在阅读过程中对眼动的影响很小或没有即时效应（Feng，2006；McConkie，Yang，2003；Yang，2006），或者对认知如何影响眼球运动做出不同的假设（McDonald，

Carpenter，Shillcock，2005；Reilly，1993；Reilly，Radach，2003，2006）。例如，根据 SWIFT 模型，注意力按梯度分配，可以同时处理几个词，即词的加工是平行的，并且可以由词法处理难度抑制的自主定时器确定眼睛何时移动（Engbert，Longtin 和 Kliegl，2002；Engbert，Nuthmann，Richter，Kliegl，2005；Richter，Engbert，Kliegl，2006；关于综述，参见 Engbert，Kliegl，2011）。

为了解释儿童成为熟练的成年读者的眼动发展模式，从而更好地理解阅读能力的发展，Reichle 等人（2013）使用 E–Z 读者模型（Pollatsek et al.，2006abc； Rayner et al.，2004；Reichle，2011； Reichle，Rayner，Pollatsek，1999；Reichle et al.，1998，2003，2006，2009），进行了一系列的模拟。针对两个假设——语言能力假设和眼动调节假设，在 E–Z 读者模型的框架内实例化，以便确定这些假设如何解释阅读期间眼动控制的发展趋势。

模拟的结果包含的信息量很大。首先，改变模型中的任何参数值（眼跳计划或执行的时间或准确率）都不能改变儿童基本的眼动模式（即较长的注视时间、较短的眼跳幅度和较多的回视率）。这表明，观察到的儿童与成人的眼动之间的差异，不能解释为与成人的眼动系统“调整”（可假定通过多年的实践）的差异，至少不是在模型的框架内“调整”，其中眼跳计划的启动与词汇系列加工紧密联系。

然而，可以通过简单地降低儿童的词汇加工的总速率（即通过增加 α1 参数的值）来生成基本模式。基于这个结果，可以得出结论，语言能力假说的版本是正确的，并且词汇加工效率的增加导致儿童的眼动最终与成熟的成年读者类似。其他模拟也支持这个结论：词汇加工速度减慢的模拟表明，眼跳目标的各种指标在很大程度上不受影响，这与儿童和成人对移动眼睛位置做出类似“决定”的发现一致（Vitu，McConkie，Kerr，O’Regan，2001），但词汇变量（例如，词长和词频）对儿童注视时间的影响超过成人（Blythe et al.，2009；Joseph et al.，2009）。然而，最后的模拟表明，这个简单的理由不能完全解释某些后词汇变量的影响（例如，主题角色不合理；Joseph et al.，2008）；对这些影响的解释需要另外的假设，即相对于成年人，儿童在后词汇加工方面也不太熟练。因此，模拟共同表明，只有充分理解语言加工技能的发展，才可以充分理解阅读中眼动行为的发展。

从教学的角度来看，这些模拟结果很有趣，因为它们表明，阅读能力的大部分变异来自语言加工技能的差异，很少或没有变异是由于眼动计划和执行的差异造成的。在某种程度上，这不应该太令人惊讶，因为一个简单的事实是，在教孩子如何阅读时，教师花费相当多的努力来教学生基本词汇（例如译码）和其他与语言相关的技能，但几乎没有人来教孩子如何移动眼睛（除了偶尔指着正在读 r 一个字母或字）。相反，儿童似乎学会自己移动眼睛，形成一种最有效的阅读方式，实现一种可能最有效的阅读，并且对局部加工难度很敏感。

即使是阅读体验最少的儿童（例如 8—9 岁）朝向眼跳目标的方式也与成年读者非常相似，即使有知觉、认知和动作系统的各种生理（如有限的视敏度）与心理（如有限的注意力）局限，以及语言的各种限制（阅读与书写）（Liu，Reichle，2010；Liu et al.，待出版； Reichle，Laurent，2006)，在学习过程中也能调节眼动，进行最佳的文本加工。话虽如此，我们支持语言能力假说的证据也直接说明了另外两个相关的研究领域——年龄较大的读者与年轻读者（大学生)的差异是什么,以及长期值得探讨的,什么因素使读者的阅读技能有差异。

最近，两个实验考察了老年读者与大学生的眼动差异（Kliegl，Grabner，Rolfs，Engbert，2004；Rayner et al.，2006）。这两个实验的结果非常一致，显示两个年龄组之间相同的差异模式。相对于年轻的读者，年龄较大的读者倾向于更少的注视次数和更长的注视时间，但是似乎通过跳过可预测的词语来补偿这种减慢，但是随后还对跳过的词语进行更多的回视。为了解释这些差异，两项研究采用不同的模型和理论假设模拟了老年读者和大学生的眼动差异。

例如，Laubrock、Kliegl 和 Engbert（2006）采用 Kliegl 等人（2004）的 SWIFT 眼动控制模型（Engbert et al.，2002，2005；Richteret al.，2006；综述见 Engbert，Kliegl，2011）。根据该模型，注意力按梯度分配，可以同时对几个词（通常为 3—4 个）进行加工。由于梯度中任何给定词的激活水平先增加

然后减小，因此它将被选择为眼跳目标的概率也是如此。然而，关于何时移动眼睛实际上是由自主定时器决定的。该自主定时器以随机间隔启动眼跳计划，但是如果被注视的词难加工，则其活动可被禁止（在一定量的延迟之后）。因此，该模型解释了所有的“基准”后发现，可以通过当前的眼动模型来解释。为了解释观察到的老年读者的模式，Laubrock 等人假设老年读者的注意梯度较小，但不对称性更强（右侧范围更大）。第一个假设足以解释老年读者较长的注视时间，因为可用于词汇加工的注意资源较少，词汇加工更加困难，从而抑制了自主定时器的启动，使注视时间延长。第二个假设同样足以解释增加的跳读率，因为年老读者注意梯度的不对称性更大，使远离注视点右侧的词更容易被选择为眼跳目标，从而导致中间的词被跳读。

Rayner 等人（2006）提供了一个不同的解释，使用 E–Z 读者模型作为其理论框架对相同行为进行模拟。基本逻辑是，因为年老读者表现出普遍的认知减慢，倾向于更多地依赖他们的语言、话语和（或）句子上下文的知识来“猜测”可预测的单词。但是这种探索并不总是成功的，年老读者更容易回视到理解错误的文本的早期部分（例如，错误的单词）。这种“风险”阅读策略的可行性通过模拟进行评估，其中词汇加工的整体速率减慢（即大于默认值），“猜测”可预测词的倾向增加（即 α3 也高于其默认值），但是这种增加的“猜测”词也容易出错，导致一部分词的错误识别，从而导致更频繁的回视。这些假设足以模拟观察到的老年读者眼动的一般模式。然而，相比于 SWIFT 模型，它提供了一个截然不同的阅读技能终身发展的“轨迹”（Laubrock 等人，2006)。

也就是说，基于 E–Z 读者模型的解释，两个基本因素致力于提高读者在整个阅读过程中的阅读能力——其中一个是快速、自动化识别词的能力，另一个是使用先前经验，快速整合词义，并推断即将呈现材料的结构和（或）内容的能力。这两个因素在读者早年的阅读中增加显著，并且词汇加工能力的发展速度更快达到最高点。在后来的几年中，来自词汇和语言能力增强被认知加工的速率减慢抵消，这降低了词汇加工的速率。熟练的老年读者因此依靠他们更强大的语言技能来弥补这种普遍的减速，导致更大的跳读率和回视率。因此，通过这种解释，年龄相关的阅读能力和眼动行为的差异反映了词识别和执行其他语言操作所必需的技能中潜在的年龄差异；也就是说，眼动行为的变化是由阅读技能的变化引起的。

现在，如果用 SWIFT 模型来推断为什么老年读者不同于大学生读者，并以此解释阅读技能如何在整个阅读发展中的变化，那么其也可用于假设儿童和成人之间的差异反映了注意梯度分布。当儿童成为熟练的成年读者时，注意梯度增加并且变得更加不对称（右侧注视更多），因此可以解释为什么整个阅读速率和知觉广度随阅读技能的增加而增加（Rayner，1986）。然而，在随后几年中，注意梯度开始缩小并变得更不对称，因此减慢了词汇加工的速度并增加了跳词的倾向。然而，关于这个解释的关键点是，它没有说明词汇和（或）语言技能本身的发展，而是说，年龄相关的阅读能力的变化反映了分配注意力和（或）分配注意的方式（例如，梯度对称性的程度）。因此，根据这个解释，年龄相关的阅读技能和眼动行为的变化也可能反映词汇和语言加工技能的年龄相关的变化，但后者的变化本身是由更基本的与年龄相关的分配注意力的变化引起的。话虽如此，阅读能力和眼动行为如何随着年龄变化的两个基本解释对这些变化的病因学有非常不同的预测——它们反映了语言能力的发展或注意力分配。将来的研究有必要对这两个解释进行评判。

另一个令人关注的问题是阅读能力的个体差异，以及为什么一些读者比其他读者能更好地理解文本。使用眼动实验对这个问题进行了探讨，实验结果相关程度很高。例如，Schilling 等人的实验（1998）使用三种不同的因变量来考察技能较高和较差的读者在识别长度匹配的高频和低频目标词中的表现：（1）对句子中目标词的凝视时间；（2）词汇判断任务中判断词是真词还是假词的反应时；（3）在命名任务中大声发音的反应时。毫无疑问，三个因变量都受到词频的影响，高频词的凝视时间更短，反应更快。然而，更有趣的是，被试在三个任务中的整体表现比较稳定。例如，在一个测试中快速反应的被试倾向于对其他测量快速做出反应。这些发现是重要的，因为它们表明词汇加工的一些方面（其由词汇判断和命名任务测量）也在阅读期间调节凝视时间，并且该潜在能力的个体差异也一定程度地调节观察到的个体之间的阅读能力差异。这个结论的理论含义是，与阅读能力个体差异相关的部分可以通过词汇加工的速度和（或）准确性的差异来解释，与词汇能力的假设一致。

第二项关于阅读能力的个体差异的眼动研究是 Ashby，Rayner 和 Clifton（2005；也参见 van der Schoot et al.，2009）的研究。这项研究比较了两组大学生读者的眼动：在 Nelson–Denny 标准化阅读测试中平均得分低于第 70 百分位的读者（平均值 ＝ 40 百分位数）和平均得分高于 74 百分位的读者（平均值＝ 88 百分位数）。两组都阅读嵌入在中性上下文中长度匹配的高频和低频目标词句子（实验 1）或阅读高预测和低预测目标词的句子（实验 2）。虽然两个实验的结果模式是复杂的，但总体模式表明，普通读者的注视时间更长、回视率更高。低频词对普通读者的影响更大，产生了更大的词频效应。频率效应的大小也没有受到词预测性调节。总之，这些结果表明，熟练的读者较少依赖句子上下文来促进词汇加工，并且词汇加工效率和部分更高级语言加工的差异有助于理解熟练读者和普通读者之间的差异。

这个结论与语言能力假说非常一致，并且揭示了不同能力的个体和个体本身的阅读能力的发展。正如 Huey（1908）指出的那样，阅读的“惊人的复杂性”是慢慢地建立起来的，并且需要通过大量的实践。通过上述模拟与分析，建议通过对词识别和语言加工能力的练习，最终提高阅读技能。

第十章 研究的不足与展望

一、被试的选取

有关发展的主题，选取被试的方法一般有纵向研究与横断研究两种。纵向研究是真正意义上的发展研究，即在较长时间内，对一个儿童或一些儿童的心理发展进行有系统的研究，所以也称为追踪研究。其优势是可以比较系统地、详细地了解心理发展的过程。但纵向研究需要的时间长，影响被试的各种条件不易查明和控制，不易有效地进行前后比较。鉴于以上原因，本研究采用了横断研究，即同一时间内对某几个年龄段儿童的心理发展水平进行测查并加以比较。除了横断研究与纵向研究方法本身的原因，还有一个原因是教育部门对小学生阅读教学设定的目标非常一致，每所学校每个年级应该教授什么内容、使用什么教材都有统一的规定，并且，选择的被试均来自同一所学校，学生所处的教学环境和社会经济背景等方面都是一致的，因此，与纵向研究的结果不会有太大差异。

所有研究均没有选择有阅读障碍的被试，即使在知觉广度实验中，将被试分成阅读速度快与慢的两组，所有被试的阅读能力也在正常范围内。此外，在实验过程中回答理解问题错误率较高的被试，也没有参与数据的分析。不得不承认，如果将这些有阅读障碍的数据也包括在实验分析中，小学生阅读发展的结果可能没有那么乐观。之所以排除他们，主要原因是想要测试儿童在理解水平上的阅读发展。如果阅读理解水平低，则不能确定参与者是否属于正常阅读，也就是说，可能存在与阅读无关的过程的参与，比如被试的动机或注意力分散等问题，这导致实际数据模式不能反映他（或她）的潜在能力，将这些参与者纳入分析可能扭曲阅读发展的情况。无论如何，建议在儿童阅读实验中包括阅读理解测试，以确保参与者真正参与了阅读实验。

实验中将三年级选择为最年幼组，没有选择一年级与二年级的原因是，测试开始的时间安排在学生一入校的时间，一年级的学生还没有接受正式的阅读指导，二年级的学生实际上只接受了一年的教育，由于识字量的限制，被试的正常阅读会受干扰。还有一个原因是眼动仪的局限。为了获得精确的眼动数据，采用了加拿大 SR Research 公司生产的 Eyelink 1000 眼动仪，该仪器要求被试头部固定，年龄越小，阅读能力越弱，阅读时间也越长，让年幼学生参与长时间的实验是不道德的。鉴于这些原因，将三年级学生选择为最年幼组。

后续的研究可以在被试方面做些改变，如在财力与时间允许的情况下，使用便携式、高度准确的眼睛跟踪设备，对更年幼的儿童进行纵向研究，探讨同一组被试的阅读发展情况。尽量增加被试的数量，以减少被试差异对实验结果的影响，以提供更加详细的阅读行为与语言加工的不同方面的发展轨迹。

二、实验材料的选取

研究发展的主题，不可避免地要遇到材料的选取。一些研究为每个年龄组提供适合其年龄的刺激材料。在这种情况下，与阅读相关的加工难度对各组来讲是相同的（假设刺激材料经过仔细筛选），但是年龄组效应的分析必然在项目之间；组之间的差异可以归因于他们的年龄，也可以归因于每组读取的特定材料的差异。在其他研究中，所有年龄的参与者阅读相同的刺激材料。在后一种情况下，与年龄有关的分析是项目内，因此消除了观察到的任何与材料差异相关的影响，反映的是年龄组的真实差异。然而，与年长读者相比，任何一套阅读材料对于年幼的读者来说都更加困难。有证据表明，对于熟练的成年读者，增大加工难度会影响眼动行为。例如，对低频词的注视时间长于高频词

（Henderson，Ferreira，1990），使阅读时间更长。而且，与简单的句子相比，对复杂句子有更多的回视，也可见Rayner的研究（1998综述，389–392）。显然，让不同年龄的参与者读取相同的材料所导致眼动行为的差异，至少部分地归因于对不同年龄读者的文本加工难度的差异。

与此相关的一点是，操纵文本的难度还受读者的阅读技能与经验的影响。已知在阅读期间对成人的眼动具有强烈效应的因素，例如词长或词频，在被纳入儿童的实验设计之前需要仔细考虑。例如，对于成年读者来说，很多低频率的词语对儿童却是高频词（例如：龙）。遇见频率、累积频率（在一定时间内遇见该词语的总次数）和获得年龄（一个词被获取的年龄），可能对成人和儿童的词汇检索过程产生不同的影响。

从本实验的结果得出的结论是，无论是阅读效率、知觉广度、预视效应还是信息提取的速度，小学高年级被试基本可以达到成年人的水平。但按照常识，小学高年级被试的阅读要达到成年人的水平，其实还存在一定的距离。究其原因，实验材料的使用是个两难的问题。选用相同的材料，可以保证同质性，便于年级间的比较，但很难保证材料难度对所有被试是相同的；选用适合各年龄段的材料，又很难保证材料的同质性。在本研究中，只有知觉广度中使用了不同的材料，结果发现，不同难度的材料对知觉广度是有影响的。而另两个研究，都选择了相同的材料。所以，后续的研究可以尝试采用适合各年龄段的材料，虽然保证材料的同质性很难，但可以反映被试的真实阅读水平。

理想的做法是，未来的研究将通过构造多组实验句子来控制年龄适宜性，每组实验句子设计用于不同的年龄组（Häikiö et al.，2009），并且如果可能的话，通过使用广泛的预筛选来构成句子，使其加工难度对所有参与者来说都是相同的。

虽然在创建刺激材料时，要考虑语言加工操作，还要考虑材料难度适合于不同年龄组的被试，非常具有挑战性，但在某些情况下也可以实现。例如，可以对成人和不同年龄的儿童均采用高频材料。此外，可以选择与儿童特别相关的上下文（例如，句子涉及儿童熟悉的角色、学校等）、选用容易句子等方法，从而减少（尽管不消除）成年人和儿童之间的差距。此外，还可以根据理解性、合理性和可预测性等标准筛选刺激材料。实验者可以预先筛选出更多的项目，在正式实验时从中选择适合成年和儿童的材料即可。

三、预视效应与信息提取速度的发展研究

已有的研究发现，加工负荷可以影响副中央凹预视效应，加工负荷可以通过操纵词频和词长来实现，以进一步探讨预视的发展情况。Lavigne，Vitu 和 d'Ydewalle （2000）的研究发现，当中央凹注视词为低频词时，副中央凹预视效应减小（Henderson，Ferreira，1990，1993）。此外，预视效应还受视觉对比度、条件变化(呈现形式如大小写交替等)和阅读能力的影响,可供进一步展开研究。

采用消失文本范式操纵注视点左侧文本被掩蔽词汇的范围，可以发现掩蔽词 N 以左的文本可以严重影响被试的总阅读时间；掩蔽词 N － 1 以左文本则不影响被试的总阅读时间。结果表明，相对于注视位置，中文阅读的认知过程存在明显的滞后效应。这种滞后效应是否也发生在小学阶段，有待于进一步探讨。

此外，已有的研究比较多地关注儿童词汇层面的语言效应（Joseph et al.，2008）。需要进一步的研究来调查儿童在阅读句子时高水平语言加工（例如语法和语义加工，甚至话语加工）方面的发展。虽然迄今为止的研究已经表明，成年人和 7 岁的儿童在视觉语言刺激的词汇加工水平方面非常相似，研究后词汇加工将揭示 7 岁以上的发展变化。在对儿童的高阶语言加工的操纵中，可能出现的一个问题是刺激选择。目前还不清楚使用较高级别的语言操纵，在成人读者中产生的较强的效应，会不会也适用于儿童。

四、基于词的变量对阅读发展的影响

对儿童阅读发展影响的因素有很多，基于词水平的有词长与词频，在前面已经详细介绍过。除了这两个因素，词的预期性、词获得年龄、主题角色合理

性（thematic role plausibility）也会影响儿童的句子加工。

例如，Joseph 等人（Joseph，Liversedge，Blythe，White，Gathercole，Rayner，2008）发现，即使是 10 岁儿童，对高预期性词的加工要比低预期性词的加工更容易。阅读获得年龄较早的词比较晚的词更快（Coltheart，Laxon，Keating，1988）。也就是说，同成人一样，越是熟悉的词，激活阈限越低，越容易词汇通达。Joseph 等人（2008）设置三种不同类型（合理、不合理、异常）句子，结果如下：首先，儿童阅读句子慢于成年人，典型地表现为较小的眼跳幅度、更多的注视次数、更长的注视时间以有更多的回视。其次，成人的眼动模式与 Rayner 等人（2004）的研究结果类似，对异常句子中目标词的注视时间增长，表明能够快速检测到语义异常，对不合理句子目标词后区域的通过时间延长，表明检测到语义异常的速度变慢。第三，儿童尽管也快速检测到异常句子中的语义异常，但对目标词的注视时间长于成人。对不合理句子语义异常的检测，儿童也比成人慢得多，在目标词后区域表现出更长的总阅读时间。在这些结果的基础上，Joseph 等人（2008）的结论是，像成年人一样，儿童能够使用固有的主题角色信息来快速构建句子意义，但是在使用实用信息来构建句子意义方面远差于成年人。

所以，以后的研究需要仔细控制可能混淆的语言变量，如获取年龄、可预测性、主题角色合理性以及词频的年龄适当性，以便明确词的各种属性如何影响儿童的正词汇加工。

五、中文阅读发展眼动模型的构建

认知研究表明，文字的内在表征和不同层次的认知加工历程受其书写特性的影响，不同的语言文字都有其特殊的属性。在已有的文献中，有关阅读的认知研究多以西方的拼音文字为对象，以成年读者为被试，并且形成了相对成熟的阅读眼动模型。但是要想对阅读有比较全面的了解与认识，应该考虑不同的语言与不同群体的被试。中文阅读有很多同英文相似的地方，但也有其特殊性，但目前的研究还处于起步阶段，有很多问题需要探讨，也需要进一步的实证研究，进而建立符合中文阅读规律的眼动控制模型。

除此之外，除了语言的差别，目前已经有眼动模型是以成人为对象构建的，如前面介绍的关于人工智能学习的研究表明，经过强化学习，可以出现类似于成熟读者的眼动（Liu 和 Reichle，2010；Reichle，Laurent，2006）。人工智能受与影响阅读眼动相关因素的约束（眼跳计划的时间、词长作为与词汇识别相关的加工难度的指数，对词汇识别的视觉灵敏度限制，对句子中单词的注意分配）。但所有这些模拟，均类似于熟练的成人阅读中观察到的行为。在将来，应该收集儿童阅读时的眼动数据，如儿童使用字母、音节和词作为词汇加工的访问单元的程度是随着年龄的提高而发展变化的。了解这些变化本质，对于阅读发展模型的构建是很有帮助的。对收集的数据进行模拟，纳入现有的眼动计算模型（例如 SWIFT 模型：Engbert et al，2002，2005；E–Z 读者模型：Pollatsek et al，2006abc；Reichle et al，1998，1999，2003，2006），将为理解阅读期间（视觉、语言、注意、眼动控制之前的相互作用）眼动行为发展变化的机制提供支持。

六、眼动研究的应用

关于阅读研究的方法有很多，眼动技术由于其实时性强、干扰性小而成为研究阅读的有效工具，研究的数据结果除了可以构建中文阅读理论，也可以为实际应用提供数据支持。如从儿童眼动特征与成人对比中，发现差异，采用适当的方法缩小这种差异。为了促进阅读的速度，文本的呈现方式方面，如每行的字数、字体或字体大小以及词间是否增加空格等，通过优化材料呈现方式，进而影响儿童的阅读（Bernard，Chaparro，Mills，Halcomb，2002），增加易读性，促进阅读的发展。

已有的研究已经表明，生理年龄、阅读年龄和智商等变量对阅读期间的眼动机控制的发展的影响，其贡献是及时性的和信息性的。从现有的关于眼动在阅读期间的文献来看，儿童数据的变化表明这些因素是有影响力的。通过记录儿童语言和识字发展的更广泛的认知概况，并且分析这些信息与他们的眼动数据的相关性，可以更详细地了解年龄增长、阅读技能和眼动认知控制之间的关系。还可以通过设置多个儿童参与组，如生理年龄匹配组和阅读年龄匹配组，以及对与阅读技能相关的文本难度进行系统性操纵，来考察与年龄相关的变化的原因。关注阅读有困难（如阅读障碍）或语言损伤（例如具有特定语言障碍或理解问题的儿童）的学生，将其眼动数据与阅读正常的学生对比，发现差异，探讨矫正策略。虽然这些想法看起来有些雄心勃勃，但眼动研究已经在过去几十年发展起来，我们有充分的、乐观的理由相信，儿童阅读的眼动研究将继续蓬勃发展。

参考文献

[1] 白学军，刘娟，臧传丽，张慢慢，郭晓峰，闫国利 (2011). 中文阅读过程中的副中央凹预视效应 . 心理科学进展，19: 1721 – 1729.

[2] 陈宝国，彭聃龄 (2001). 汉字识别中形音义激活时间进程的研究（Ⅰ）. 心理学报，33(1): 1 – 6.

[3] 陈宝国，王立新，彭聃龄 (2003). 汉字识别中形音义激活时间进程的研究（Ⅱ）. 心理学报，35(5): 576 – 581.

[4] 陈凌育，赵信珍，孙复川 (1999). 汉字识别的眼动特征——字频效应及信道容量 . 生物物理学报，15 (1): 91 – 97.

[5] 陈庆荣，邓铸 (2006). 阅读中的眼动控制理论与 SWIFT 模型 . 心理科学进展，14(5): 675 – 681.

[6] 陈烜之 (1997). 中文阅读的认知历程 . In 彭聃龄，舒华，陈烜之（编），汉语认知研究 (pp. 65 – 82). 济南：山东教育出版社 .

[7] 崔磊 (2011). 中文复合词预视加工的眼动研究 . 博士学位论文 . 天津：天津师范大学 .

[8] 伏干，闫国利 (2008). 高中二年级学生双字词阅读知觉广度的眼动研究 . 心理与行为研究，6: 285 – 290.

[9] 关善玲，闫国利 (2007). 移动窗口条件下不同工作记忆者阅读差异的眼动研究 . 心理与行为研究，5(4): 309 – 313.

[10] 胡笑羽，白学军，闫国利 (2010). 副中央凹—中央凹效应的研究现状及展望 . 心理科学进展，18(3): 412 – 420.

[11] 胡裕树 (1987). 汉代汉语 . 上海：上海教育出版社 .

[12] 刘志方 (2009). 消失文本条件下中文阅读者信息提取过程的发展研究 . 硕士学位论文 . 天津 : 天津师范大学 .

[13] 刘志方 , 张智君 , 赵亚军 (2011). 汉语阅读中眼跳目标选择单元以及词汇加工方式 : 来自消失文本的实验证据 . 心理学报 ,43(6): 608 – 618.

[14] 吕叔湘 (1979). 汉语语法分析问题 . 北京 : 商务印书馆 .

[15] 彭聃龄 (2006). 汉语认知研究——认知科学到认知神经科学 . 北京 : 北京师范大学出版社 .

[16] 彭聃龄，舒华，陈烜之 (1997). 汉语认知研究的历史和研究方法 . In 彭聃龄 , 舒华 , 陈烜之 (编). 汉语认知研究 (pp. 3 – 34). 济南 : 山东教育出版社 .

[17] 彭聃龄 , 王春茂 (1997). 汉字加工的单位——来自笔画数效应和部件数效应的证据 . 心理学报 , 29 (1): 8 – 16.

[18] 王丽红 (2011). 中文阅读知觉广度的眼动研究 . 博士学位论文 . 天津 : 天津师范大学 .

[19] 王敬欣 , 杨洪艳 , 田静 (2010). 发展性阅读障碍儿童语篇阅读中的笔画数效应 . 中国特殊教育 , (5): 36 – 40.

[20] 王穗苹 , 佟秀红 , 杨锦棉 , 冷英 (2009). 中文句子阅读中语义信息对眼动预视效应的影响 . 心理学报 , 41(3): 220 – 232.

[21] 王文静 (2007). 中文阅读过程中信息提取时间及词频效应的眼动研究 . 硕士学位论文 . 天津 : 天津师范大学 .

[22] 熊建萍 , 闫国利 , 白学军 (2007). 高中二年级学生中文阅读知觉广度的眼动研究 . 心理与行为研究 , 5(1): 60 – 64.

[23] 熊建萍 , 闫国利 , 白学军 (2009). 不同年级学生汉语阅读知觉广度的眼动研究 . 心理科学 , 32: 584 – 587.

[24] 闫国利 , 白学军 (2007). 汉语阅读的眼动研究 . 心理与行为研究 , 5: 229 – 234.

[25] 闫国利，伏干，白学军 (2008). 不同难度阅读材料对阅读知觉广度影响的眼动研究. 心理科学，31: 1287 –1290.
[26] 闫国利，胡晏雯，刘志方，张智君 (2009). 消失文本条件下注视点右侧词对中文阅读影响的眼动研究. 应用心理学，15(3): 201–207.
[27] 闫国利，孙莎莎，张巧明，白学军 (2014). 自然阅读与校对阅读的知觉广度研究. 心理科学，37 (2): 298–302.
[28] 闫国利，王丽红，巫金根，白学军 (2011). 不同年级学生阅读知觉广度及预视效益的眼动研究. 心理学报，43: 249–263.
[29] 闫国利，王文静，白学军 (2007). 消失文本条件下认知控制的眼动研究. 心理学探新，27(4): 37–41.
[30] 闫国利，巫金根，胡晏雯，白学军 (2010). 当前阅读的眼动研究范式述评. 心理科学进展，18(12): 1966–1976.
[31] 闫国利，巫金根，臧传丽，白学军 (2010). 阅读知觉广度眼动研究述评. 心理学探新，30(2): 23–28.
[32] 闫国利，熊建萍，白学军 (2008). 小学五年级学生汉语阅读知觉广度的眼动研究. 心理发展与教育，24(1): 72–77.
[33] 闫国利，张巧明，白学军 (2013). 中文阅读知觉广度的影响因素研究. 心理发展与教育，2013，29(2): 121–130.
[34] 闫国利，张巧明，张兰兰，白学军 (2013). 不同掩蔽材料对阅读知觉广度的影响. 心理科学，36(6): 1317–1322.
[35] 臧传丽，张慢慢，郭晓峰，刘娟，闫国利，白学军 (2012). 中文词汇加工的若干效应：基于眼动研究的证据. 心理科学进展，20(9): 1382–1392.
[36] 曾性初，张履祥，王家柱 (1965). 汉语的讯息分析——Ⅰ. 文句中汉字笔画的省略与恢复. 心理学报，10(4): 299–306.
[37] 张必隐 (2004). 阅读心理学. 北京：北京师范大学出版社.
[38] 张夫伟 (2015). 公民意识与学校生活建构. 北京：中国社会科学出版社.

[39] 张积家 (2010). 语言认知新论——一种相对论的探讨 . 广州 : 广东高等教育出版社 .

[40] 张积家 (2007). 语言认知心理研究 . 广州 : 暨南大学出版社 .

[41] 张巧明 , 崔磊 (2014). 小学生对不同词语类型预视加工的发展 . 心理与行为研究， 12(5): 645 – 651.

[42] 张巧明 , 王爱云 , 闫国利 (2013). 大学生阅读知觉广度影响因素的回归分析 . 心理与行为研究 , 11(2): 190 – 194.

[43] 中国社会科学院语言研究所词典编辑室 (2005). 现代汉语词典 (第五版). 北京 : 商务印书馆 .

[44] Abrams, S. G., Zuber, B. L. (1972). Some temporal characteristics of information processing during reading. Reading Research Quarterly, 12: 41 – 51.

[45] Andrews, S. (1997). The role of orthographic similarity in lexical retrieval: Resolving neighborhood conflicts. Psychonomic Bulletin and Review, 4: 439 – 461.

[46] Altarriba, J., Kambe, G., Pollatsek, A., Rayner, K. (2001). Semantic codes are not used in integrating information across eye fixations in reading: Evidence from fluent Spanish – English bilinguals. Perception & Psychophysics, 63(5): 875 – 890.

[47] Ashby, J., Rayner, K., Clifton, C. Jr., (2005). Eye movements of highly skilled and average readers: Differential effects of frequency and predictability. The Quarterly Journal of Experimental Psychology, 58A: 1065 – 1086.

[48] Ashby, J., Treiman, R., Kessler, B., Rayner, K. (2006). Vowel processing during silent reading: Evidence from eye movements. Journal of Experimental Psychology Learning, memory, and Cognition, 32(2): 416 – 424.

[49] Atkinson, J. (2000).The developing visual brain. New York, NY: Oxford University Press.

[50] Baayen, R. H., Piepenbrock, R., Gulikers, L. (1995).The CELEX lexical database (CD–ROM). Philadelphia: Linguistic Data Consortium, University of Pennsylvania.

[51] Bai, X., Yan, G., Liversedge, S.P., Zang, C., Rayner, K. (2008). Reading spaced and unspaced Chinese text: Evidence from eye movements. Journal of Experimental Psychology: Human Perception and Performance, 34: 1277 – 1287.

[52] Bai, X. J., Zang, C. L., Yan, G. L., Shen, D. L. (2006). The role of different linguistic codes in parafoveal processing. Paper presented at the Second China International Conference on Eye Movement, Tianjin, China.

[53] Balota, D. A., Chumbley, J. I. (1984). Are lexical decision a good measure of lexical access? The role of word frequency in the neglected decision stage. Journal of Experimental Psychology. Human Perception and Performance, 10: 340 – 357.

[54] Balota, D. A., Pollatsek, A., Rayner, K. (1985). The interaction of contextual constraints and parafoveal visual information in reading. Cognitive Psychology, 17: 364 – 390.

[55] Balota, D. A., Rayner, K. (1991). Word recognition processes in foveal and parafoveal vision: The range of influence of lexical variables. In D. Besner & G. Humphreys (Eds.), Basic Processes in reading: Visual word recognition (pp. 198 – 232). Hillsdale NJ: Lawrence Erlbaum Associates.

[56] Balota, D. A., Yap, M. J., Cortese, M. J. (2006). Visual word recognition: The journey from features to meaning (a travel update). In M. Traxler & M. Gernsbacher (Eds.), Handbook of Psycholinguistics. (pp. 285 – 374).

London: Academic Press.

[57] Becker, W., Jürgens, R. (1979). An analysis of the saccadic system by means of double step stimuli.Vision Research, 19: 967–983.

[58] Bernard, M.L., Chaparro, B.S., Mills, M.M., Halcomb, C.G. (2002). Examining children's reading performance and preference for different computer–displayed text. Behaviour & Information Technology, 21: 87–96.

[59] Blanchard, H. E., Pollatsek, A., Rayner, K. (1989). The acquisition of parafoveal word information in reading. Perception & Psychophysics, 46: 85–94.

[60] Blythe, H. I., Häikiö, T., Bertam, R., Liversedge, S. P., Hyönä, J. (2011). Reading disappearing text: Why do children refixtion words? Vision Research, 51: 84–92.

[61] Blythe, H. I., Joseph, H. S. S. L. (2011). Children's eye movements during reading. In S. P. Liversedge, I. D. Gilchrist & S. Everling(Eds.),Oxford handbook on eye movements(pp. 643–662). Oxford, England: Oxford University Press.

[62] Blythe, H. I., Liversedge, S. P., Joseph, H. S. S. L., White, S. J., Findlay, J. M., Rayner, K. (2006). The binocular coordination of eye movements during reading in children and adults.Vision Research, 46: 3898–3908.

[63] Blythe, H. I., Liversedge, S. P., Joseph, H. S. S. L., White, S. J., Rayner, K. (2009). Visual information capture during fixations in reading for children and adults. Vision Research, 49: 1583–1591.

[64] Brysbaert, M., Drieghe, D., Vitu, F. (2005). Word skipping: Implications for theories of eye movement control in reading. In G. Underwood (Ed.), Cognitive processes in eye guidance (pp. 53–78). Oxford, UK: Oxford

University Press.

[65] Brysbaert, M., New, B. (2009). Moving beyond Kucera and Francis: A critical evaluation of current word frequency norms and the introduction of a new and improved word frequency measure of American English. Behavior Research Methods, Instruments, & Computers, 41: 977 – 990.

[66] Brysbaert, M., Vitu, F. (1998). Word skipping: Implication for theories of eye movement control in reading. In G. Underwood (Ed.),Eye guidance in reading and scene perception(pp. 125 – 147). Oxford: Elsevier.

[67] Bouma, H., De Voogd, A. H. (1974). On the control of eye saccades in reading. Vision Research, 14: 273 – 284.

[68] Burani, C., Marcolini, S., Stella, G. (2002). How early does morpholexical reading develop in readers of a shallow orthography? Brain and Language, 81: 568 – 586.

[69] Buswell, G. T. (1922). Fundamental reading habits: A study of their development. Chicago: University of Chicago Press.

[70] Carpenter, R. H. S. (2000). The neural control of looking. Current Biology, 10: R291 – R293.

[71] Carpenter, P.A., Just, M.A. (1983). What your eyes do while your mind is reading. In K. Rayner (Ed.), Eye movements in reading: Perceptual and language processes (pp. 275 – 307). New York: Academic Press.

[72] Cipiliewski, J., Stanovich, K.E. (1992). Predicting growth in reading ability from children's exposure to print. Journal of Experimental Child Psychology, 54: 74 – 89.

[73] Chace, K. H., Rayner, K., Well, A. D. (2005). Eye movements and phonological parafoveal preview: Effects of reading skill. Canadian Journal of Experimental Psychology, 59(3): 209 – 217.

[74] Chen, H. – C. (1992). Reading Comprehension in Chinese: Some

implications from character reading times. In H.–C. Chen & O. Tzeng (Eds.), Language processing in Chinese (pp. 175–205). Amsterdam: North–Holland (Elsevier).

[75] Chen, H.–C. (1999). How do readers of Chinese process words during reading for comprehension? In J. Wang, A. W. Inhoff & H.–C. Chen (Eds.) Reading Chinese Script: A Cognitive analysis. (pp. 257–278). Mahwah, NJ: Erlbaum.

[76] Chen, H.–C., Song, H., Lau, W. Y., Wong, K. F. E., Tang, S. L. (2003). Developmental characteristics of eye movements in reading Chinese. In C. McBride–Chang & H.–C. Chen (Eds.), Reading development in Chinese children (pp.157–169). Westport, CT: Praeger Publishers.

[77] Chen, H.–C., Tang, C.K. (1998). The effective visual field in reading Chinese. Reading and Writing, 10: 3–5.

[78] Chen, H.–C., Song, H., Lau, W. Y., Wong, K. F. E., Tang, S. L. (2003). Developmental characteristics of eye movements in reading Chinese. In C. McBride–Chang & H. C. Chen (Eds.), Reading development in Chinese children (pp.157–169). Westport, CT: Praeger Publishers.

[79] Cohen, M. E., Ross, L. E. (1977). Saccade latency in children and adults: Effects of warning interval and target eccentricity. Journal of Experimental Child Psychology, 23: 539–549.

[80] Cohen, M. E., Ross, L. E. (1978). Latency and accuracy characteristics of saccades and corrective saccades in children and adults. Journal of Experimental Child Psychology, 26: 517–527.

[81] Coltheart, V., Laxon, V.J., Keating, C. (1988). Effects of word imageability and age of acquisition on children's reading. British Journal of Psychology, 79: 1–12.

[82] Cui, L., Drieghe, D., Yan, G.L., Bai, X.J., CHi, H., Liversedge, S.P. (2013).

Parafoveal processing across different lexical constituents in Chinese reading. The Quarterly Journal of Experimental Psychology, 66: 403–416.

[83] Daneman, M., Carpenter, P. A. (1980). Individual differences in working memory and reading. Journal of Verbal Learning & Verbal Behavior, 19: 450–466.

[84] Den Buurman, R., Boersma, T., Gerrissen, J. F. (1981). Eye movements and the perceptual span in reading. Reading Research Quarterly, 16: 227–235.

[85] Drieghe, D. (2008). Foveal processing and word skipping during reading. Psychonomic Bulletin & Review, 15: 856–860

[86] Drieghe, D., Rayner, K., Pollatsek, A. (2005). Eye movements and word skipping during reading revisited. Journal of Experimental Psychology: Human Perception and Performance, 31(5): 954–969.

[87] Drieghe, D., Rayner, K., Pollatsek, A. (2008). Mislocated fixations can account for parafoveal-on-foveal effects in eye movements during reading. Quarterly Journal of Experimental Psychology, 61: 1239–1249.

[88] Ehri, L.C. (1987). Learning to read and spell words. Journal of Reading Behavior, 19: 5–31.

[89] Ehri, L.C. (1989). The development of spelling knowledge and its role in reading acquisition and reading disability. Journal of Reading Disabilities, 22: 356–365.

[90] Engbert, R., Kliegl, R. (2011). Parallel graded attention models of reading. In S. P. Liversedge, I. D. Gilchrist & S. Everling (Eds.), Oxford handbook on eye movements(pp. 787–800). Oxford, England: Oxford University Press.

[91] Engbert, R., Longtin, A., Kliegl, R. (2002). A dynamical model of saccade generation in reading based on spatially distributed lexical

processing. Vision Research, 42: 621–636.

[92] Engbert, R., Nuthmann, A., Richter, E. M., Kliegl, R. (2005). SWIFT: A dynamical model of saccade generation during reading. Psychological Review, 112: 777–813.

[93] Feng, G. (2006). Eye movements as time–series random variables: A stochastic model of eye movement control in reading. Cognitive Systems Research, 7: 70–95.

[94] Feng, G., Miller, K., Shu, H., Zhang, H. (2001). Rowed to recovery: The use of phonological and orthographic information in reading Chinese and English. Journal of Experimental Psychology: Learning, Memory & Cognition, 27: 1079–1100.

[95] Feng, G., Miller, K., Shu, H., Zhang, H. (2009). Orthography, and the development of reading processes: An eye–movement study of Chinese and English. Child Development, 80: 720–735.

[96] Ferreira, F., Henderson, J.M. (1990). Use of verb information in syntactic parsing: Evidence from eye movements and word–by–word self–paced reading. Journal of Experimental Psychology: Learning, Memory, and Cognition, 16: 555–568.

[97] Fisher, D. F., Lefton, L.A. (1976). Peripheral information extraction: A developmental examination of reading processes. Journal of Experimental Child Psychology, 21: 77–93.

[98] Fisher D.F., Montanary S. P. (1977). Spatial and contextual factors in beginning reading: Evidence for Flores d'Arcais, G. B. (1994). Order of strokes writing as a cue for retrieval in reading Chinese characters. European Journal of Cognitive Psychology, 6: 337–355.

[99] Foxe, J. J., Simpson, G. V. (2002). Flow of activation from V1 to frontal cortex in humans: A framework for defining "early" visual processing.

Experimental Brain Research, 142: 139 – 150.

[100] Francis, W. N., Kucera, H. (1982).Frequency analysis of English usage: Lexicon and grammar. Boston: Houghton Mifflin. Frazier, L. & Rayner, K. (1982). Making and correcting errors during sentence comprehension: Eye movements in the analysis of structurally ambiguous sentences.Cognitive Psychology, 14: 178 – 210.

[101] Frazier, L., Rayner, K. (1982). Making and correcting errors during sentence comprehension: Eye movements in the analysis of structurally ambiguous sentences.Cognitive Psychology, 14: 178 – 210.

[102] Frith, U. (1985). Beneath the surface of developmental dyslexia. In K. Patterson, J. Marshall & M. Coltheart (Eds.), Surface dyslexia: Neuropsychological and cognitive studies of phonological reading.(pp. 301 – 330). London: Erlbaum.

[103] Fukushima, J., Hatta, T., Fukushima, K. (2000). Development of voluntary control of saccadic eye movements: I. Age – related changes in normal children.Brain & Development, 22: 173 – 180.

[104] Gerhand, S., Barry C. (1998). Word frequency effects in oral reading are not merely age – of – acquisition effects in disguise. Journal of Experimental Psychology: Learning, Memory, and Cognition, 24: 267 – 283.

[105] Grimes, J. (1989).Where first grade children look in words during reading. Unpublished master’s thesis. University of Illinois.

[106] Groll, S. L., Ross, L. E. (1982). Saccadic eye movements of children and adults to double – step stimuli.Developmental Psychology, 18: 108 – 123.

[107] Gray, W. S. (1956). The teaching of reading and writing: An international survey. Chicago: Scott Foresman.

[108] Häikiö, T., Bertram R., Hyönä, J., Niemi, P. (2009). Development of the letter identity span in reading:Evidence from the eye movement moving window paradigm. Journal of Experimental Child Psychology, 102: 167 – 181.

[109] Häikiö, T., Bertram, R., Hyönä, J. (2010). Development of parafoveal processing within and across words in reading: Evidence from the boundary paradigm. The Quarterly Journal of Experimental Psychology, 63: 1982 – 1998.

[110] Häikiö, T., Bertram, R., Hyönä, J. (2011). The development of whole – word representations in compound word processing: Evidence from eye fixation patterns of elementary school children. Applied Psycholinguistics, 32: 533 – 551.

[111] Heinzle, J., Hepp, K., Martin, K. A. C. (2010). A biologically realistic cortical model of eye movement control in reading. Psychological Review, 117: 808 – 830.

[112] Henderson, J. M., Ferreira F. (1990). Effects of foveal processing difficulty on the perceptual span in reading:Implications for attention and eye movement control.Journal of Experimental Psychology: Learning,Memory,and Cognition, 16: 417 – 429.

[113] Henderson, J. M., Ferreira F.(1993). Eye movement control during reading:Fixation measures reflect foveal but not parafoveal processing difficulty.Canadian Journal of Experimental Psychology, 47: 201 – 221.

[114] Hintzman, D. L. (1991). Why are formal models useful in psychology? In W. E. Hockley & S. Lewandowsky (Eds.), Relating theory and data: Essays on human memory in honor of Bennet B. Murdock. Hillsdale, NJ: Erlbaum (pp. 39 – 56).

[115] Hoosain, R. (1991). Psycholinguistic implications for linguistic

relativity: A case study of Chinese. Hillsdale, NJ: Lawrence Erlbaum Associates.

[116] Hoosain, R. (1992). Psychological Reality of the word in Chinese. In H. C. Chen & O. J. L. Tzeng. (Eds.), Language processing in Chinese (pp.111 – 130). Amsterdam, Netherlands: North – Holland.

[117] Huestegge, L., Radach, R., Corbic, D., Huestegge, S. M. (2009). Oculomotor and linguistic determinants of reading development: A longitudinal study.Vision Research, 49: 2948 – 2959.

[118] Huey, E. B. (1908). The psychology and pedagogy of reading. New York: Macmillan.

[119] Häikiö, T., Bertram, R., Hyönä, J. (2011). The development of wholeword representations in compound word processing: Evidence from eye fixation patterns of elementary school children. Applied Psycholinguistics, 32: 533 – 551.

[120] Häikiö, T., Bertram, R., Hyönä, J., Niemi, P. (2009). Development of the letter identity span in reading: Evidence from the eye movement moving window paradigm. Journal of Experimental Child Psychology, 102: 167 – 181.

[121] Häikiö, T., Bertram, R., Hyönä, J. (2010). Development of parafoveal processing within and across words in reading: Evidence from the boundary paradigm. The Quarterly Journal of Experimental Psychology, 63: 1982 – 1998.

[122] Hyönä, J., Bertram, R., Pollatsek, A. (2004). Do frequency characteristics of nonfixated words influence the processing of fixated words during reading? European Journal of Cognitive Psychology, 16: 104 – 127.

[123] Hyönä, J., Bertram, R., Pollatsek, A. (2004). Are long compound

words identified serially via their constituents? Evidence from an eye-movement contingent display change study. Memory & Cognition, 32: 523-532.

[124] Hyönä, J., Olson, R.K. (1995). Eye fixation patterns among dyslexic and normal readers: Effects of word length and word frequency. Journal of Experimental Psychology: Learning, Memory and Cognition, 21: 1430-1440.

[125] Inhoff, A. W. (1984). Two stages of word processing during eye fixations in the reading of prose. Journal of Verbal Learning and Verbal Behavior, 23: 612 - 624.

[126] Inhoff, A. W. (1984). Two stages of word processing during eye fixations in the reading of prose. Journal of Verbal Learning and Verbal Behavior, 23: 612 - 624 .

[127] Inhoff, A. W., Liu, W. (1998). The perceptual span and oculomotor activity during the reading of Chinese sentences. Journal of Experimental Psychology: Human Perception and Performance, 24: 20-34.

[128] Inhoff, A. W., Liu, W., Wang, J., Fu, D. J. (1997). Use of spatial information during the reading of Chinese text. In D. Peng, H. Shu & H.-C. Chen (Eds.), Cognitive research on Chinese language (pp. 296-329). Jinan: Shan Dong Educational Publishing.

[129] Inhoff, A. W., Liu, W., Tang, Z. (1999). Use of prelexical and lexical information during Chinese sentence reading: Evedence from eye-movement studies. In J. Wang, A. W. Inhoff, H. C. Chen, Reading Chinese script: A cognitive analysis (pp. 223-238). Mahwah, NJ: Lawrence Erlbaum Associates.

[130] Inhoff, A. W., Rayner, K. (1986). Parafoveal word processing

during fixations in reading: Effects of word frequency. Perception & Psychophysics, 40: 431 – 439.

[131] Inhoff, A.W., Wu, C. (2005). Eye movements and the identification of spatially ambiguous words during Chinese sentence reading. Memory & Cognition, 33: 1345 – 1356.

[132] Jacobson, J.Z., Dodwell, P.C. (1979). Saccadic eye movements during reading. Brain and Language, 8: 303 – 314.

[133] James, C. T. (1975). The role of semantic information in lexical decisions. Journal of Experimental Psychology: Human Perception and Performance, 1: 130 – 136.

[134] Jared, D., Levy, B. A., Rayner, K. (1999). The role of phonology in the activation of word meanings during reading:Evidence from proofreading and eye movements. Journal of Experimental Psychology: General, 128: 219 – 264.

[135] Johnson, R. L., Rayner, K. (2007). Top – down and bottom – up effects in pure alexia: Evidence from eye movements. Neuropsychologia, 45: 2246 – 2257.

[136] Joseph, H. S. S. L., Liversedge, S. P. (2013). Children's and adults' on – line processing of syntactically ambiguous sentences during reading. PLoS ONE, 8, e54141. http://dx.doi.org/10.1371/journal.pone.0054141.

[137] Joseph, H.S.S.L., Liversedge, S.P., Blythe, H.I., White, S.J., Gathercole, S.E., Rayner, K. (2008). Children's and adults' processing of anomaly and implausability during reading: Evidence from eye movements. Quarterly Journal of Experimental Psychology, 61: 708 – 723.

[138] Joseph, H.S.S.L., Liversedge, S.P., Blythe, H.I., White, S.J., Rayner, K. (2009). Word length and landing position effects during reading in children and adults. Vision Research, 49: 2078 – 2086.

[139] Joseph, H. S. S. L., Nation, K., Liversedge, S. P. (2013). Using eye movements to investigate word frequency effects in children's sentence reading. School Psychology Review. 42: 207.

[140] Juhasz, B.J. (2008). The processing of compound words in English: Effects of word length on eye movements during reading. Language and Cognitive Processes, 23: 1057–1088.

[141] Juhasz, B.J., Pollatsek, A., Hyönä, J., Drieghe, D., Rayner, K. (2009). Parafoveal Processing Within and Between Words. Quarterly Journal of Experimental Psychology, 62: 1356–1376.

[142] Juhasz, B. J., Rayner, K. (2003). Investigating the effects of a set of intercorrelated variables on eye fixations in reading. Journal of Experimental Psychology: Learning, Memory, and Cognition, 29: 1312–1318.

[143] Juhasz, B. J., Rayner, K. (2006). The role of age of acquisition and word frequency in reading: Evidence from eye fixations. Visual Cognition, 13: 846–863.

[144] Just, M. A., Carpenter, P. A. (1980). A theory of reading: From eye fixations to comprehension. Psychological Review, 87: 329–354.

[145] Just, M. A., Carpenter, P. A. (Eds.) (1987) The Psychology of reading and language comprehension. Newton, MA: Allyn and Bacon.

[146] Just, M. A., Carpenter, P. A. (1992). A capacity theory of comprehension: Individual differences in working memory. Psychological Review, 98: 122–149.

[147] Just, M.A., Carpenter, P.A., Woolley, J.D. (1982). Paradigms and processes in reading comprehension. Journal of Experimental Psychology: General, 111: 228–238.

[148] Kennedy, A. (2000). Parafoveal processing in word recognition.

Quarterly Journal of Experimental Psychology, 53A: 429 – 455.
[149] Kennedy, A., Pynte, J., Ducrot, S. (2002). Parafoveal – on – foveal interactions in word recognition. Quarterly Journal of Experimental Psychology, 54(4): 1307 – 1337..
[150] Kennison, S. M., Clifton, C. (1995). Determinants of parafoveal preview benefit in high and low working memory capacity readers: Implications for eye movement control. Journal of Experimental Psychology: Learning, Memory, and Cognition, 2: 68 – 81.
[151] Kirkby, J. A., Blythe, H. I., Drieghe, D., Liversedge, S. P. (2011). Reading text increases binocular disparity in dyslexic children. PLoS ONE, 6: 1 – 7.
[152] Kirby, J. A., Webster, L. A. D., Blythe, H. I., Liversedge, S. P. (2008). Binocular coordination during reading and non – reading tasks . Psychological Bulletin, 134: 742 – 763.
[153] Klein, C., Foerster, F. (2001). Development of prosaccade and antisaccade task performance in participants ages 6 to 26 years. Psychophysiology, 38: 179 – 189.
[154] Kliegl, R., Grabner, E., Rolfs, M., Engbert, R. (2004). Length, frequency, and predictability effects of word on eye movements in reading. European Journal of Cognitive Psychology, 16: 262 – 284.
[155] Kliegl, R. Nuthmann, A., Engbert, R. (2006). Tracking the mind during reading: The influence of past, present, and future words on fixation durations. Journal of Experimental Psychology: General, 135: 12 – 35.
[156] Kliegl, R., Risse, S., Laubrock, J. (2007). Preview benefit and parafoveal – on – foveal effects from word n + 2. Journal of Experimental Psychology: Human Perception and Performance, 33: 1250 – 1255.

[157] Kowler, E., Martins, A. J. (1982). Eye movements in preschool children. Science, 215: 997 – 999.

[158] Laubrock, J., Kliegl, R., Engbert, R. (2006). SWIFT explorations of age differences in eye movements during reading. Neuroscience and Behavioral Reviews, 30: 872 – 884.

[159] Lavigne, F., Vitu, F., d'Ydewalle, G. (2000). The influence of semantic context on initial eye landing sites in words. Acta Psychologica, 104: 191 – 213.

[160] Lefton, L. A., Nagle, R. J., Johnson, G., Fisher, D. F. (1979). Eye movement dynamics of good and poor readers: Then and now. Journal of Reading Behavior, 11: 319 – 328.

[161] Leong, C.K., Tse, S. K. (2008). Text Comprehension in Chinese Children: Relative Contribution of Verbal Working Memory, Pseudoword Reading, Rapid Automatized Naming, and Onset – Rime Phonological Segmentation. Journal of Educational Psychology, 100,1146: 135 – 149.

[162] Levy, R., Bicknell, K., Slattery, T., Rayner, K. (2009). Eye movement evidence that readers maintain and act on uncertainty about past linguistic input. Proceedings of the National Academy of Sciences, 106: 21086 – 21090.

[163] Li, X., Liu, P., Rayner, K. (2011). Eye movement guidance in Chinese reading: Is there a preferred viewing location? Vision Research, 51: 1146 – 1156.

[164] Liu, W., Inhoff, A.W., Ye, Y., Wu, C (2002). Use of parafoveally visible characters during the reading of Chinese sentences. Journal of Experimental Psychology: Human Perception and Performance, 28: 1213 – 1227.

[165] Liu, Y., Reichle, E. D., Gao, D. -G. (in press). Using reinforcement learning to examine dynamic attention allocation during reading. Cognitive Science.

[166] Liu, Y., Reichle, E. D. (2010). The emergence of adaptive eye movements in reading. In S. Ohlsson & R. Catrabone (Eds.), Proceedings of the 32nd Annual Conference of the Cognitive Science Society(pp. 1136 - 1141). Austin, TX: Cognitive Science Society.

[167] Liversedge, S. P., Findlay, J. M. (2000). Saccade eye movements and cognition. Trends in Cognitive Science, 4: 6 - 14.

[168] Liversedge, S. P., Rayner, K., White, S. J., Vergilino - Perez, D., Findlay, J. M., Kentridge, R. W. (2004). Eye movements when reading disappearing text: Is there a gap effect in reading? Vision Research, 44: 1013 - 1024.

[169] Luna, B., Velanova, K. (2011). Development from reflexive to controlled eye movements. In: S. P. Liversedge, I. D. Gilchrist & S.Everling (Eds.), Oxford handbook on eye movements (pp. 621 - 642). Oxford, England: Oxford University Press.

[170] Matin, E. (1974). Saccadic suppression: A review. Psychological Bulletin, 81: 899 - 917.

[171] Malt, B.C., Seamon, J.G. (1978). Peripheral and cognitive components of eye guidance in filled - space reading. Perception & Psychophysics, 23: 399 - 402.

[172] McConkie, G.W., Kerr, P.W., Reddix, M. D., Zola, D. (1988). Eye movement control during reading: I. The location of initial eye fixations on words. Vision Research, 28: 1107 - 1118.

[173] McConkie, G. W., Kerr, P. W., Reddix, M. D., Zola, D., Jacobs, A. M. (1989). Eye movement control during reading: II. Frequency of

refixating a word. Perception & Psychophysics, 46: 245 – 253.

[174] McConkie, G. W. Rayner, K. (1975). The span of the effective stimulus during a fixation in reading. Perception & Psychophysics, 17: 578 – 586.

[175] McConkie, G. W., Rayner, K. (1976). Asymmetry of the perceptual span in reading. Bulletin of the Psychonomic Society, 8: 365 – 368.

[176] McConkie, G. W., Yang, S. – N. (2003). How cognition affects eye movements during reading. In J. Hyönä, R. Radach & H. Deubel (Eds.),The mind's eye: Cognitive and applied aspects of eye movement research(pp. 413 – 427). Oxford, UK: Elsevier.

[177] McConkie, G.W., Zola, D., Grimes, J., Kerr, P.W., Bryant, N.R., Wolff, P.M. (1991). Children's eye movements during reading. In J.F. Stein (Ed.), Vision and visual dyslexia (pp. 251 – 262). London: Macmillan Press.

[178] McDonald, S. A., Carpenter, R. H. S., Shillcock, R. C. (2005). An anatomically constrained, stochastic model of eye movement control in reading. Psychological Review, 112: 814 – 840.

[179] McDonald, S. A., Shillcock, R. C. (2004). The potential contribution of preplanned refixations to the preferred viewing location. Perception & Psychophysics, 66: 1033 – 1045.

[180] Miellet, S., O'Donnell,P. J., Sereno, S. C. (2009). Parafoveal magnification – visual acuity does not modulate the perceptual span in reading. Psychological Science, 20(6): 721 – 728.

[181] Miellet, S., Sparrow, L. (2004). Phonological codes are assembled before word fixation: Evidence from boundary paradigm in sentence reading. Brain and Language, 90: 299 – 310.

[182] Miellet, S., Sparrow, L., Sereno, S. C. (2007). Word frequency and predictability effects in reading French: An evaluation of the E – Z

Reader model.Psychonomic Bulletin & Review, 14: 762–769.

[183] Miles, R. S., Shen, E. (1925). Photographic recording of eye movements in the reading of Chinese in vertical and horizontal axes: Method and preliminary results. Journal of Experimental Psychology, 8: 344–362.

[184] Miller, L. K. (1969). Eye-movement latency as a function of age, stimulus uncertainty, and position in the visual field. Perceptual and Motor Skills, 28: 631–636.

[185] Miller, K. F., Chen, S. Y., Zhang, S. (2007). Where the words are: Judgments of words, phrases and syllables by speakers of Chinese and English. Unpublished manuscript.

[186] Molker, A., Fisher, B. (1999). The recognition and correction of involuntary prosaccades in an antisaccade task. Experimental Brain Research, 125: 511–516.

[187] Morris, R.K., Rayner, K., Pollatsek, A. (1990). Eye movement guidance in reading. Journal of Experimental Psychology: Human Perception and Performance, 16: 268–281.

[188] Morrison, R.E., Inhoff, A.W. (1981). Visual factors and eye movements in reading. Visible Language, 15: 129–146.

[189] Murray, W. S., Rowan, M. (1998). Early mandatory pragmatic processing. Journal of Psycholinguistic Research, 27: 1–22.

[190] Myung, I. J. (2000). The importance of complexity in model selection. Journal of Mathematical Psychology, 44: 190–204.

[191] Nation, K. (2009). Form-meaning links in the development of visual word recognition. Philosophical Transactions of the Royal Society, B, 364: 3665–3674.

[192] New, B., Pallier, C., Brysbaert, M., Ferrand, L. (2004). Lexique 2: A new French lexical database. Behavior Research Methods, Instruments,

& Computers, 36: 516 – 524.

[193] Newman, E. B. (1966). Speed of reading when the span of letters is restricted. American Journal of Psychology, 79: 272 – 278.

[194] Nuthmann, A., Engbert, R., Kliegl, R. (2005). Mislocated fixations during reading and the inverted optimal viewing position effect.Vision Research, 45: 2201 – 2217.

[195] O'Regan, J. K. (1990). Eye movement and reading. In Kowler(Ed.). Reviews of oculomotor research (Vol.4). Eye movements and their role in visual and cognitive processes (pp.395 – 453). Amsterdam: Elsevier.

[196] O'Regan, J. K. (1992). Optimal viewing position in words and the strategy – tactics theory of eye movements in reading. In K.Rayner(Ed.), Eye movements and visual cognition: Scene perception and reading (pp.333 – 354). New York: Springer.

[197] O'Regan, J. K., Lévy – Schoen, A. (1987). Eye – movement strategy and tactics in word – recognition and reading. In M. Coltheart (Ed.).Attention and performance(Vol. XII, pp. 363 – 384). Hillsdale, NJ: Erlbaum.

[198] Osaka, N. (1987). Effect of peripheral visual field size upon eye movements during Japanese text processing. In J. K. O'Regan & A. LévySchoen (Eds.), Eye movements: From physiology to cognition (pp. 421 – 429). Amsterdam: North Holland.

[199] Osaka, N. (1992). Size of saccade and fixation duration of eye movements during reading: Psychophysics of Japanese text processing. Journal of the Optical Society of America A, 9: 5 – 13.

[200] Osaka, N. (1993). Asymmetry of the effective visual field in vertical reading as measured with a moving window. In G. d'Ydewalle & J. Van Rensbergen (Eds.), Perception and cognition: Advances in eye movement research (pp. 275 – 283). Amsterdam: North Holland.

[201] Osaka, N., Oda, K. (1991). Effective visual field size necessary for vertical reading during Japanese text processing. Bulletin of the Psychonomic Society, 29: 345–347.

[202] Osaka, N., Osaka, M. (2002). Individual differences in working memory during reading with and without parafoveal information: A moving-window study. The American Journal of Psychology, 115: 501–513.

[203] Patberg, J. P., Yonas, A. (1978). The effects of the reader's skill and the difficulty of the text on the perceptual span in reading. Journal of Experimental Psychology: Human Pe rception and Pe rformance, 4: 545–552.

[204] Peng, D. L., Li, W., Li, R. B., Liu, Y. (1999). Information processing of Chinese compound words. Psychologica (Japanese Psychological Society, 42(4): 252–266.

[205] Peng, D. L., Zhang, B., Liu, Z. (1993). Lexical decomposition and whole storage of Chinese coordinative two-character words. In Proceedings of the Second Afro-Asian Psychological congress. Beijing: Peking University Press, 92–97.

[206] Perea, M., Acha. (2009). Space information is important for reading. Vision Research, 49: 1994–2000.

[207] Perea, M., Pollatsek, A. (1998). The effects of neighborhood frequency in reading and lexical decision. Journal of Experimental Psychology: Human Perception and Performance, 24: 767–779.

[208] Perfetti, C. A. (1985).Reading ability. New York, NY: Oxford University Press.

[209] Perfetti, C. A. (2007). Reading ability: Lexical quality to comprehension. Scientific Studies of Reading, 11: 357–383.

[210] Perfetti, C. A., Hart, L. (2002). The lexical quality hypothesis. In L.

Vehoeven, C. Elbro, P. Reitsma (Eds.),Precursors to functional literacy (pp. 189–213). Amsterdam, Holland: John Benjamins.

[211] Perfetti, C. A., Zhang, S. (1991). Phonological processes in reading Chinese words. Journal of Experimental Psychology: Learning, Memory, and Cognition, 17: 633–643.

[212] Pollatsek, A., Bolozky,S., Well, A. D., Rayner,K. (1981). Asymmetries in the perceptual span for Israeli readers. Brain and Language, 14: 174–180.

[213] Pollatsek, A., Hyönä, J. (2005). The role of semantic transparency in the processing of Finnish compound words. Language and Cognitive Processes, 20: 261–290.

[214] Pollatsek, A., Lesch, M., Morris, R. K., Rayner, K. (1992). Phonological codes are used in integrating information across saccades in word identification and reading. Journal of Experimental Psychology: Human Perception and Performance, 18: 148–162.

[215] Pollatsek, A., Perea, M., Binder, K.S. (1999). The effects of "neighborhood size" in reading and lexical decision. Journal of Experimental Psychology: Human Perception and Performance, 25: 1142–1158.

[216] Pollatsek, A., Reichle, E. D., Rayner, K. (2003). Modeling eye movements in reading: Extensions of the E–Z Reader model. In J. Hyönä, R. Radach, & H. Deubel (Eds.),The mind's eyes: Cognitive and applied aspects of oculomotor research(pp. 361–390).Oxford, England: Elsevier.

[217] Pollatsek, A., Reichle, E. D., Rayner, K. (2006a). Serial processing is consistent with the time course of linguistic information extraction from consecutive words during eye fixations in reading: A response to Inhoff,

Eiter, and Radach (2005). Journal of Experimental Psychology: Human Perception and Performance, 32: 1485–1489.

[218] Pollatsek, A., Reichle, E. D., Rayner, K. (2006b). Tests of the E–Z Reader model: Exploring the interface between cognition and eye–movement control. Cognitive Psychology, 52: 1–56.

[219] Pollatsek, A., Reichle, E. D., Rayner, K. (2006c). Attention to one word at a time in reading is still a viable hypothesis: Rejoinder to Inhoff, Radach, and Eiter (2006). Journal of Experimental Psychology: Human Perception and Performance, 32: 1496–1500.

[220] Pollatsek, A., Rayner, K. (1982). Eye movement control in reading: The role of word boundaries. Journal of Experimental Psychology: Human Perception and Performance, 8: 817–833.

[221] Pollatsek, A., Tan, L., Rayner, K. (2000). The role of phonological codes in integrating information across saccadic eye movements in Chinese character identification. Journal of Experimental Psychology: Human Perception and Performance, 26: 607–633.

[222] Poulton, E. C. (1962). Peripheral vision, refractoriness and eye movements in fast oral reading. British Journal of Psychology, 53: 409–419.

[223] Rayner, K. (1975). The perceptual span and peripheral cues in reading. Cognitive Psychology, 7: 65–81.

[224] Rayner, K. (1977). Visual attention in reading: Eye movements reflect cognitive processes. Memory and Cognition, 4: 443–448 .

[225] Rayner, K. (1978). Eye movements in reading and information processing. Psychological Bulletin, 85: 618–660.

[226] Rayner, K. (1979a). Eye guidance in reading: Fixation locations within words. Perception, 8: 21–30.

[227] Rayner, K. (1979b). Eye movements and cognitive psychology: On-line computer approaches to studying visual information processing. Behavior Research Methods & Instruments, 11: 164-171.

[228] Rayner, K. (1982). The availability of useful information to the right of fixation in reading. Perceptive Psychophysics, 31: 537-550.

[229] Rayner, K. (1985). The role of eye movements in learning to read and reading disability. Remedial and Special Education, 6: 53-60.

[230] Rayner,K. (1986). Eye movements and the perceptual span in beginning and skilled readers. Journal of Experimental Child Psychology, 41: 211-236.

[231] Rayner, K. (1998). Eye movements in reading and information processing. Psychological Bulletin, 124(3): 372-422.

[232] Rayner, K. (2009). Eye movements and attention in reading, scene perception, and visual search. The Quarterly Journal of Experimental Psychology, 62(8): 1457-1506.

[233] Rayner, K., Ashby, J., Pollatsek, A., Reichle, E. D. (2004). The effects of frequency and predictability on eye fixations in reading: Implications for the E-Z Reader model. Journal of Experimental Psychology: Human Perception and Performance, 30: 720-732.

[234] Rayner, K., Balota, D. A., Pollatsek, A. (1986). Against parafoveal semantic preprocessing during eye fixations in reading. Canadian Journal of Psychology , 40: 473-483.

[235] Rayner, K., Bertera, J. H. (1979). Reading without a foveal. Science, 206: 468-469.

[236] Rayner, K., Castelhano, M. S. Yang, J.(2009). Eye Movements and the Perceptual Span in Older and Younger Readers. Psychology and Aging, 24: 755-760.

[237] Rayner, K., Duffy, S. A. (1986). Lexical complexity and fixation times in reading: Effects of word frequency, verb complexity, and lexical ambiguity. Memory & Cognition, 14: 191 – 201.

[238] Rayner, K., Fischer, M. H. (1996). Mindless reading revisited: Eye movements during reading and scanning are different. Perception & Psychophysics, 58: 734 – 747.

[239] Rayner, K., Fischer, M. H., Pollatsek, A. (1998). Unspaced text interferes with both word identification and eye movement control. Vision Research, 38: 1129 – 1144.

[240] Rayner, K., Foorman, B. F., Perfetti, C. A., Pesetsky, D., Seidenberg, M. S. (2001). How psychological science informs the teaching of reading. Psychological Science in the Public Interest, 2: 31 – 74.

[241] Rayner, K., Foorman, B. F., Perfetti, C. A., Pesetsky, D., Seidenberg, M. S. (2002). How should reading be taught? Scientific American, 286: 84 – 91.

[242] Rayner, K., Inhoff, A. W., Morrison, R., Slowiaczek, M. I., Bertera, J. H. (1981). Masking of foveal and parafoveal vision during eye fixation in reading. Journal of Experimental Psychology: Human Perception and Performance, 7: 167 – 179.

[243] Rayner, K., Johnson, R. L. (2005). Letter – by – letter acquired dyslexia is due to the serial encoding of letters. Psychological Science, 16: 530 – 534.

[244] Rayner, K., Juhasz, B. J. (2004). Eye movements in reading: Old questions and new directions. European Journal of Cognitive Psychology, 16: 340 – 352.

[245] Rayner, K., Juhasz, B. J., Ashby, J., Clifton, C. Jr., (2003). Inhibition of saccade return in reading. Vision Research, 43: 1027 – 1034.

[246] Rayner, K., Li, X., Juhasz, B.J., Yan, G. (2005). The effect of word predictability on the eye movements of Chinese readers. Psychonomic Bulletin & Review, 12: 1089–1093.

[247] Rayner, K., Li, X., Pollatsek, A. (2007). Extending the E–Z Reader model to Chinese reading. Cognitive Science, 31: 1021–1033.

[248] Rayner, K., Liversedge, S. P., White, S. J. (2006). Eye movements when reading disappearing text: The importance of the word to the right of fixation. Vision Research , 46: 310–323.

[249] Rayner, K., Liversedge, S. P., White, S. J., Vergilino–Perez, D. (2003). Reading disappearing text: Cognitive control of eye movements. Psychological Science, 14: 385–388.

[250] Rayner, K., McConkie, G.W. (1976). What guides a reader's eye movements. Vision Research, 16: 829–837.

[251] Rayner, K., McConkie, G. W., Ehrlich, S. F. (1978). Eye movements and integrating information across fixations. Journal of Experimental Psychology: Human Perception and Performance, 4: 529–544.

[252] Rayner, K., Morris, R. K. (1992). Eye movement control in reading: Evidence against semantic preprocessing. Journal of Experimental Psychology: Human Perception and Performance , 18: 163–172.

[253] Rayner, K., Pollatsek, A. (1987). Eye movements in reading: A tutorial review. In M.Coltheart (ed.). Attention and Performance, 12, London: Erlbaum.

[254] Rayner, K., Pollatsek, A. (1989). The psychology of reading. Englewood Cliffs, NJ: Prentice Hall.

[255] Rayner, K., Pollatsek, A. (1996). Reading unspaced text is not easy: Comments on the implications of Epelboim et al.'s study for models of eye movement control in reading. Vision Research, 36: 461–465.

[256] Rayner, K., Pollatsek, A., Ashby, J., Clifton, C. Jr., (2012).Psychology of reading(2nd ed.). New York, NY: Psychology Press.

[257] Rayner, K., Raney, G. E. (1996). Eye movement control in reading and visual search: Effects of word frequency. Psychonomic Bulletin and Review, 3: 245–248.

[258] Rayner, K., Reichle, E. D., Stroud, M. J., Williams, C. C., Pollatsek, A. (2006). The effects of word frequency, word predictability, and font difficulty on the eye movements of young and older readers. Psychology and Aging, 21: 448–465.

[259] Rayner, K., Sereno, S.C., Raney, G.E. (1996). Eye movement control in reading: a comparison of two types of models. Journal of Experimental Psychology: Human Perception and Performance,22: 1188–1200.

[260] Rayner, K., Slattery, T. J., Bélanger, N. N. (2010). Eye movements, the perceptual span, and reading speed. Psychonomic Bulletin & Review, 17: 834–839.

[261] Rayner, K., Slowiaczek, M. L., Clifton, C., Bertera, J. H. (1983). Latency of sequential eye movements: Implications for reading. Journal of Experimental Psychology: Human Perception and Performance, 9: 912–922.

[262] Rayner, K., Warren, T., Juhasz, B. J., Liversedge, S. P. (2004). The effect of plausibility on eye movements in reading. Journal of Experimental Psychology: Learning, Memory, and Cognition, 30: 1290–1301.

[263] Rayner, K., Well, A. D. (1996). Effects of contextual constraint on eye movements in reading: A further examination. Psychonomic Bulletin & Review, 3: 504–509.

[264] Rayner, K., Well, A. D., Pollatsek, A. (1980). Asymmetry of the effective visual field in reading. Perception & Psychophysics, 27: 537–

544.

[265] Rayner, K., Well, A. D., Pollatsek, A., Bertera, J. H. (1982). The availability of useful information to the right of fixation in reading. Perception & Psychophysics, 31: 537–550.

[266] Rayner, K., White, S. J., Kambe, G., Miller, B., Liversedge, S. P. (2003). On the processing of meaning from parafoveal vision during eye fixations in reading. In J. Hyönä, R. Radach & H. Deubel (Eds.), Cognitive and applied aspects of eye movement research (pp.213–234). Amsterdam: Elsevier.

[267] Rayner, K., Yang, J., Castelhano, M. S., Liversedge, S. P. (2011). Eye movements of older and younger readers when reading disappearing text. Psychology and Aging, 26: 214–223.

[268] Reichle, E. D. (2011). Serial attention models of reading. In S. P. Liversedge, I. D. Gilchrist & S. Everling (Eds.),Oxford handbook on eye movements(pp. 767–786). Oxford, England: Oxford University Press.

[269] Reichle, E. D., Drieghe, D. (2013). Using E–Z Reader to examine word skipping during reading. Journal of Experimental Psychology: Learning, Memory and Cognition. 39(4)

[270] Reichle, E. D., Drieghe, D., Liversedge, S. P., Hyönä, J. (in preparation). A comparative analysis of eye movements during reading of Chinese, English, and Finnish using E–Z Reader..

[271] Reichle, E. D., Laurent, P. A. (2006). Using reinforcement learning to understand the emergence of "intelligent" eye–movement behavior during reading. Psychological Review, 113: 390–408.

[272] Reichle, E. D., Liversedge, S. P., Drieghe, D., Blythe, H. I., Joseph, H. S. S. L., White, S.J., Rayner, K.. (2013). Using E–Z Reader

to examine the concurrent development of eye-movement control and reading skill. Developmental Review, 33: 110-149.

[273] Reichle, E. D., Perfetti, C. A. (2003). Morphology in word identification: A word experience model that accounts for morpheme frequency effects. Scientific Studies of Reading, 7: 219-237.

[274] Reichle, E. D., Pollatsek, A., Fisher, D. L., Rayner, K. (1998). Toward a model of eye movement control in reading. Psychological Review, 105: 125-157.

[275] Reichle, E.D., Pollatsek, A., Rayner, K. (2006). E-Z Reader: A cognitive-control, serial-attention model of eye-movement behavior during reading. Cognitive Systems Research, 7: 4-22.

[276] Reichle, E. D., Pollatsek, A., Rayner, K. (2012). Using E-Z Reader to simulate eye movements in non-reading tasks: A unified framework for understanding the eye-mind link.Psychological Review, 119: 155-185.

[277] Reichle, E. D., Pollatsek, A., Rayner, K. (2007). Modeling the effects of lexical ambiguity on eye movements during reading. In R. P. G. Van Gompel, M. F. Fischer, W. S. Murray & R. L. Hill (Eds.),Eye movements: A window on mind and brain(pp. 271-292). Oxford, England: Elsevier.

[278] Reichle, E.D., Rayner, K., Pollatsek, A. (1999). Eye movement control in reading: accouting for intial fixation location and refixation within the E-Z Reader model. Vision Research, 39: 4403-4411.

[279] Reichle, E.D., Rayner, K., Pollatsek, A. (2003). The E-Z Reader model of eye-movement control in reading: Comparisons to other models. Behavioral and Brain Sciences, 26: 445-476.

[280] Reichle, E. D., Rayner, K., Pollatsek, K. (2012). Eye movements in

reading versus non-reading tasks: Using E-Z Reader to understand the role of word/stimulus familiarity. Visual Cognition.20: 360-390.

[281] Reichle, E. D., Tokowicz, N., Liu, Y., Perfetti, C. A. (2011). Testing an assumption of the E-Z Reader model of eye-movement control during reading: Using event-related potentials to examine the familiarity check. Psychophysiology, 48: 993-1003.

[282] Reichle, E. D., Warren, T., McConnell, K. (2009). Using E-Z Reader to model the effects of higher-level language processing on eye movements during reading. Psychonomic Bulletin & Review, 16: 1-21.

[283] Reilly, R. (1993). A connectionist framework for modeling eye-movement control in reading. In G. d'Ydewalle & J. Van Rensbergen (Eds.),Perception and cognition: Advances in eye movement research (pp. 193-212). Amsterdam, Holland: Elsevier.

[284] Reilly, R., O'Regan, J. K. (1998). Eye-movement control in reading: a simulation of some word-targeting strategies. Visual Research, 38: 303-317.

[285] Reilly, R. G., Radach, R. (2003). Foundations of an interactive model of eye movement control in reading. In J. Hyönä, R. Radach & H. Deubel (Eds.), The mind's eye: Cognition and applied aspects of eye movement research (pp.429-455). Oxford: Elsevier.

[286] Reilly, R. G., Radach, R. (2006). Some empirical tests of an interactive activation model of eye movement control in reading. Cognitive Systems Research, 7: 34-55.

[287] Reingold, E. M., Rayner, K. (2006). Examining the word identification stages hypothesized by the E-Z Reader model. Psychological Science, 17: 742-746.

[288] Reingold, E. M., Reichle, E. D., Glaholt, M. G., Sheridan, H. (2012).

Direct lexical control of eye movements in reading: Evidence from survival analysis of fixation durations. Cognitive Psychology, 65: 177–206.

[289] Ren, G., Yang, Y. (2010). Syntactic boundaries and comma placement during silent reading of Chinese text: Evidence from eye movements. Journal of Research in Reading, 33: 168–177.

[290] Richter, E.M., Engbert, R., Kliegl, R. (2006). Current advances in SWIFT. Cognitive Systems Research, 7: 23–33.

[291] Salman, M. S., Sharpe, J. A., Eizenman, M., Lillakas, L., Westall, C., To, T., et al (2006). Saccades in children.Vision Research, 46: 1432–1439.

[292] Schilling, H. E. H., Rayner, K., Chumbley, J. I. (1998). Comparing naming, lexical decision, and eye fixation times: Word frequency effects and individual differences. Memory & Cognition, 26: 1270–1281.

[293] Schotter, E. R., Angele, B., Rayner, K. (2012). Parafoveal processing in reading. Attention, Perception & Psychophysics, 74: 5–35.

[294] Schreuder, R., Baayen, R.H. (1997). How complex simplex words can be. Journal of Memory and Language, 37: 118–139.

[295] Seidenberg, M. (1987). Sublexical structures in visual word recognition: Access units or orthographic redundancy? In M. Coltheart (Ed.), Attention and performance XII: The psychology of reading. Hillsdale, NJ: Erlbaum.

[296] Seidenberg, M., McClelland, J. L. (1989). A distributed, developmental model of visual word recognition and naming. Psychological Review, 96: 523–568.

[297] Seymour, P. K. H., Aro, M., Erskine, J. M. (2003). Foundation literacy acquisition in European orthographies. British Journal of Psychology,

94: 143－174.

[298] Shen, D, Bai, X, Yan, G, Liversedge, S.P. (2008). The perceptual span in Chinese reading. In K. Rayner, D. Shen, X. Bai & G. Yan (Eds.). Cognitive and cultural influences on eye movements (pp.255－276). Tianjin: Tianjin People's Publishing House.

[299] Shen, D., Liversedge, S.P., Tian, J., Zang, C., Cui, L., Bai, X., Yan, G., Rayner, K. (2012). Eye movements of second language learners when reading spaced and unspaced Chinese text. Journal of Experimental Psychology: Applied, 18: 192－202.

[300] Shen, E. (1927). An analysis of eye movements in the reading of Chinese. Journal of Experimental Psychology, 10: 158－183.

[301] Slatery, T. J. (2009). Word misperception, the neighbor frequency effect, and the role of sentence context: Evidence from eye movements. Journal of Experimental Psychology: Human Perception and Performance, 35: 1969－1975.

[302] Spragins, A.B., Lefton, L.A., Fisher, D.F. (1976). Eye movements while reading and searching spatially transformed text: A developmental examination. Memory & Cognition, 4: 36－42.

[303] Stanovich, K.E. (1986). Matthew effects in reading: Some consequences of individual differences in the acquisition of literacy. Reading Research Quarterly, 21: 360－ 407.

[304] Starr, M. S., Rayner, K. (2001). Eye movements during reading: Some current controversies. Trends in Cognitive Science, 5: 156－163.

[305] Sun, F. (1993). Eye movements in reading Chinese: Paragraphs, single characters and pinyin. In S. F. Wright & R. Groner (Eds.), Facets of dyslexia and its remediation. Studies in Visual Information Processing 3 (pp. 245－255). North－Holland； Elsevier Science Pubishers, B. V.

[306] Sun, F., Feng, D. (1999). Eye movements in reading Chinese and English text. In J. Wang, A. W. Inhoff & H. C. Chen (Eds.), Reading Chinese script: A cognitive analysis (pp. 189–206). Mahwah, NJ: Erlbaum.

[307] Sun, F., Morita, M., Stark, L. W. (1985). Comparative patterns of reading eye movement in Chinese and English. Perception & Psychophysics, 37: 502–506.

[308] Taft, M., Zhu, X. (1997). Submorphemic processing in reading Chinese. Journal of Experimental Psychology: Learning, Memory, and Cognition, 23: 761–775.

[309] Taft, M., Zhu, X, Peng, D. (1999). Positional specificity of radicals in Chinese character recognition. Journal of Memory and Language, 40: 498–519.

[310] Tan., L. H., Hocsain. R, Peng, D. L. (1995). Role of early prese mantic phonological code in character identification. Journal of Experimental Psychology: Learning, Memory, and Cognition, 21: 43–54.

[311] Taylor, S.E. (1965). Eye movements while reading: Facts and fallacies. American Educational Research Journal, 2: 187–202.

[312] Taylor, S. E., Frackenpohl, H., Pettee, J. L. (1960). Grade level norms for the components of fundamental reading skill. EDL Research and Information Bulletin (Vol. 3) . Huntington, NY: Educational Development Laboratories.

[313] Taylor, W. L. (1953). Cloze procedure: A new tool for measuring readability. Journalism Quarterly, 30: 415–433.

[314] Taylor, J. S. H., Plunkett, K., Nation, K. (2010). The influence of consistency, frequency, and semantics on learning to read: An artificial orthography paradigm. Journal of Experimental Psychology: Learning,

Memory, and Cognition, 37: 60 – 76.

[315] Tsai, C. H., McConkie, G. W. (1995). The perceptual span in reading Chinese text: A moving window study. Poster presented at the Eighth European Conference on Eye Movements, Derby, U.K.

[316] Tsai, C. H., McConkie, G. W., Zheng, X. J. (1998). Lexical parsing by Chinese readers. Poster session presented at the Advanced Study Institute on Advances in Theoretical Issues and Cognitive Neuroscience Research of the Chinese Language, University of Hong Kong.

[317] Tsai, J.L., Lee, C.Y., Lin, Y.C., Tzeng, O.J.L., Hung, D.L. (2006). Neighborhood size effects of Chinese words in lexical decision and reading. Language and Linguistics, 7: 659 – 675.

[318] Tsai, J.L., Lee, C.Y., Tzeng, O.J.L., Hung, D.L., Yen, N.S. (2004). Use of phonological codes for Chinese characters: Evidence from processing of parafoveal preview when reading sentences. Brain and Language, 91: 235 – 244.

[319] Tsai, J. L., McConkie, G. W. (2003). Where do Chinese readers send their eyes? In J. Hyönä, R. Radach & H. Deubel (Eds.), The mind's eye: Cognitive and applied aspects of eye movement research (pp. 159 – 176). Oxford, UK: Elsevier.

[320] Tsang, Y. K., Chen, H. C. (2008). Eye movements in reading Chinese. In K. Rayner., D. Shen, X. Bai & G. Yan (Eds.), Cognitive and cultural influences on eye movements (pp.235 – 254). Tianjin, China, Tianjin People's Publishing House.

[321] Underwood, N. R., McConkie, A. (1985). Perceptual span for letter distinctions during reading. Reading Research Quarterly, 20: 153 – 162

[322] Unsworth, S. J., Pexman, P. M. (2003). The impact of reader skill on phonological processing in visual word recognition. Quarterly Journal

of Experimental Psychology, 56A: 63 – 81.

[323] van der Schoot, M., Vasbinder, A. L., Horsley, T. M., Reijntjes, A., van Lieshout, E. C. D. M. (2009). Lexical ambiguity resolution in good and poor comprehenders: An eye fixation and self – paced reading study in primary school children. Journal of Educational Psychology, 101: 21 – 36.

[324] Vergilino, D., Beauvillain, C. (2000). The planning of refixation saccades in reading. Vision Research, 40: 3527 – 3538.

[325] Vergilino, D., Beauvillain, C. (2001). Reference frames in reading: Evidence from visually guided and memory – guided saccades. Vision Research, 41: 3547 – 3557.

[326] Vergilino – Perez, D., Collins, T., Dore – Mazars, K. (2004). Decision and metrics of refixations in reading isolated words.Vision Research, 44: 2009 – 2017.

[327] Vitu, F., McConkie, G. W., Kerr, P., O'Regan, J. K. (2001). Fixation location effects on fixation durations during reading: An inverted optimal viewing position effect. Vision Research, 41: 3513 – 3533.

[328] Vitu, F., O'Regan, J. K., Inhoff, A. W., Topolski, R. (1995). Mindless reading: Eye – movement characteristics are similar in scanning letter strings and reading text. Perception & Psychophysics, 57: 352 – 364.

[329] Wang, C. A., Inhoff, A. W. (2010). The influence of visual contrast and case changes on parafoveal preview benefits during reading. The Quarterly Journal of Experimental Psychology, 63(4): 805 – 817.

[330] Wang, H., Pomplun, M., Chen, M., Ko, H., Rayner, K. (2010). Estimating the effect of word predicatability on eye movements in Chinese reading using latent semantic analysis and transitional probability. The Quarterly Journal of Experimental Psychology, 63:

1374 – 1386.

[331] Wang, S., Yang, J., Chen, H. C. (2008). Immediacy of processing intra – sentential and inter – sentential information in reading Chinese. In K. Rayner, D. Shen, X. Bai & G. Yan (Eds.). Cognitive and cultural influences on eye movements (pp.315 – 341). Tianjin: Tianjin People's Publishing House.

[332] Warren, T. (2011). The influence of implausibility and anomaly on eye movements during reading. In S. P. Liversedge, I. D. Gilchrist & S. Everling (Eds.),Oxford handbook on eye movements(pp. 911 – 924). Oxford, England: Oxford University Press.

[333] Warren, T., McConnell, K. (2007). Disentangling the effects of selectional restriction violations and plausibility violation severity on eye – movements in reading. Psychonomic Bulletin & Review, 14: 770 – 775.

[334] Warren, T., McConnell, K., Rayner, K. (2008). Effect of context on eye movements when reading about plausible and impossible events. Journal of Experimental Psychology: Learning, Memory, and Cognition, 34: 1001 – 1010.

[335] White, S.J. (2008). Eye movement control during reading: Effects of word frequency and orthographic familiarity. Journal of Experimental Psychology: Human Perception and Performance, 34: 205 – 223.

[336] White, S.J., Bertram, R, Hyönä, J. (2008). Semantic processing of previews within compound words. Journal of Experimental Psychology: Learning, Memory & Cognition, 34: 988 – 993.

[337] White, S. J., Rayner, K., Liversedge, S. P. (2005a). The influence of parafoveal word length and contextual constraint on fixation durations and word skipping in reading. Psychonomic Bulletin & Review, 12(3):

466 – 471.

[338] White, S. J., Rayner, K., Liversedge, S. P. (2005b). Eye movements and the modulation of parafoveal processing by foveal processing difficulty: A reexamination. Psychonomic Bulletin & Review, 12: 891 – 896.

[339] Williams, C. C., Pollatsek, A. (2007). Searching for an O in an array of Cs: Eye movements track moment – to – moment processing in visual search. Perception & Psychophysics, 69: 372 – 381.

[340] Wolverton, G. S., Zola, D. (1983). The temporal characteristics of visual information extraction during reading. In K. Rayner (Ed.), Eye movements in reading: Perceptual and language processes (pp. 41 – 52). New York: Academic Press.

[341] Wong, K. F. E., Chen H. – C. (1999). Orthographic and phonological processing in reading Chinese text: Evidence from eye fixations. Language and Cognitive Processes, 14: 461 – 480.

[342] Yan, G., Bai, X., Zang, C., Bian, Q., Cui, L., Qi, W., Rayner, K., Liversedge, S.P. (2012). Using stroke removal to investigate Chinese character identification during reading: Evidence from eye movements. Reading and Writing, 25(5): 951 – 979.

[343] Yan, G., Tian, H., Bai, X., Rayner, K. (2006). The effect of word and character frequency on the eye movements of Chinese readers. British Journal of Psychology, 97: 259 – 268.

[344] Yan, M., Kliegl, R., Richter, E. M., Nuthmann, A., Shu, H. (2010). Flexible saccade – target selection in Chinese reading. Quarterly Journal of Experimental Psychology, 63(4): 705 – 725.

[345] Yan, M., Kliegl, R., Shu, H, Pan, J., Zhou. (2010). Parafoveal load of word n ＋ 1 modulates preprocessing effectiveness of word n ＋ 2 in Chinese reading. Journal of Experimental Psychology: Human

Perception and Performance, 36: 1669 – 1676.

[346] Yan, M., Richter, E. M., Shu, H., Kliegl, R. (2009). Readers of Chinese extract semantic information from parafoveal words. Psychonomic Bulletin & Review, 16: 561 – 566.

[347] Yang, H. M., McConkie, G. W. (1999). Reading Chinese: Some basic eye – movement characteristics. In H. – C. Chen (Ed.), Reading Chinese script: A cognitive analysis (pp. 207 – 222). Mahwah, NJ: Lawrence Erlbaum Associates, Inc.

[348] Yang, J., Wang, S., Xu, Y., Rayner, K. (2009). Do Chinese readers obtain preview benefit from word n ＋ 2? Evidence from eye movements. Journal of Experimental Psychology: Human Perception and Performance, 35: 1192 – 1204.

[349] Yang, S. – N. (2006). A oculomotor – based model of eye movements in reading: The competition/activation model. Cognitive Systems Research, 7: 56 – 69.

[350] Yen, M.H., Radach, R., Tzeng,O.J.L., Hung, D.L, Tsai, J.L. (2009). Early parafoveal processing in reading Chinese sentences. Acta Psychologica, 131: 24 – 33.

[351] Yen, M. H., Tsai, J. L., Tzeng, O. J.L., Hung, D. L. (2008). Eye movements and parafoveal word processing in reading Chinese. Memory & Cognition, 36: 1033 – 1045.

[352] Yonelinas, A. P. (2002). The nature of recollection and familiarity: A review of 30 years of research. Journal of Memory and Language, 46: 441 – 517.

[353] Yu, B., Zhang, W., Jing, Q., Peng, R., Zhang, G., Simon, H. A. (1985). STM capacity for Chinese and English language materials. Memory & Cognition, 13: 202 – 207.

[354] Zang, C. L., Liversedge, S. P., Bai, X. J., Yan, G. L. (2011). Eye movements during Chinese reading. In S. Liversedge, I. Gilchrist, S. Everling (Eds.), Oxford handbook of eye movements (pp.961–978). Oxford University Press.

[355] Zhou, X. L., Marslen-Wilson, W. (2000). The relative time course of semantic and phonological activation in reading Chinese. Journal of Experimental Psychology: Learning, Memory, and Cognition, 26: 1245–1265.

[356] Zoccolotti, P., De Luca, M., Di Pace, E., Gasperini, F., Judica, A., Spinelli, D. (2005). Word length effect in early reading and in developmental dyslexia. Brain and Language, 93: 369–373.

[357] Zucchini, W. (2000). An introduction to model selection. Journal of Mathematical Psychology, 44: 41–61.